噓！

屍體有話要說

死而復生？屍體懷孕？詐屍真的存在嗎？
跟隨法醫的腳步還原真相

斧砍、刀劈、棒打、墜樓、槍擊、撕咬、中毒……
各種慘絕人寰的受傷／死亡方法，本書將向你娓娓道來

朱廣思　著
孫嘉瞳、黃宇　繪

凡走過必留下痕跡！證據會說話，必不讓你上演比竇娥還冤的戲碼！
請隨著法醫拿起解剖刀，一起還原每一起案件的真相……

崧燁文化

目錄

目錄 ────────────

序：法醫 ── 犯罪證據鑑定科學家

　　刀，是許多行業從業者不可或缺的代表性工具，如屠刀代表屠夫、菜刀代表廚師、剃刀代表理髮師、修腳刀代表足療師、手術刀代表外科醫師、刻刀代表雕刻家……那麼解剖刀或許可以代表法醫了。

　　法醫學是近代刑事偵查當中不可或缺的部分，但法醫的研究內容往往充滿了神祕而恐怖的氣氛，讓人不由得望而卻步。但是我堅持認為，知識本身是無善惡好壞的，如果你想對法醫學有個初步的了解，或者以後想成為一名出色的法醫，那不妨先看看這本書，我會用盡量搞笑的筆法來講述一些嚴肅的故事。

　　法醫學涉及的內容非常廣泛，這本書中涉及的只有冰山一角，包含了死者表面的自然變化、身體上能區分身分的生理特徵、各種傷痕的辨別方法、中毒的特點表現、不同死亡方式的特徵，其他還有很多很多是本書沒有講到的，如果這本書能受到大家的喜歡，我有可能寫第二本，講講其他你不知道的知識。

　　閱讀本書有兩點需要注意：第一、在沒有專家指導的情況下，禁止拿一切現實中的人或動物做實驗！第二、別光顧著笑誤解了知識點。好了，膽小的朋友請打開所有電燈，或者叫上你的朋友，學習法醫在解剖刀下的知識。

序

前言：法醫是怎麼來的？

　　提起中國古代法醫，很多看過古裝電視劇的朋友都會想到「仵作」這個詞。最早的法醫並沒有正式的稱呼，由於檢查死者被看作不高尚、不乾淨的工作，主要是由身分卑賤的奴隸來做。在戰國後期，秦朝設置了令史一官，其中有一項職能就是帶領奴隸來檢查屍體，他只需做個「泉水指揮官」，不用親自接觸死者。秦簡《封診式》中記載，發現凶殺案「令令史某往診」。「封診式」三字，指不同的鑑識行為和執行要求，「封」即查封，「診」是勘查、檢驗，「式」就是鑑識規範；驗屍即屬於「診」的一部分。這些鑑識報告，秦代稱之為「爰書」。爰書中，便有中國距今年代最久遠的「驗屍報告」〈賊死〉。

(秦簡《封診式》)

前言

仵作這個詞其實是到了殘唐五代時期才出現，除了驗屍之外，還負責搬運、清理、裝扮屍體等工作，甚至劊子手在刑場替人砍頭之後，仵作也負責收屍。

五代王仁裕所撰的《玉堂閒話》與和凝所著的《疑獄集》中都出現了「仵作行人」這個名稱，兩本書中記載的案件其實是同一件，在案件中「仵作行人」協助官府破案，但也僅是協助而已。仵作在古代的社會地位非常低，仵作家的兒孫無法參加科舉考試，而且不是政府正式員工，所以很多時候只好讓許多沒有執業資格的屠夫、陰陽師、殯葬業人員來擔任，這種叫做「外仵作」，官府選拔的正式仵作叫做「內仵作」。仵作和驗屍官無法劃上等號，在鑑識勘驗時，仵作須聽從檢驗官員的指揮，清洗屍體，塗抹酒醋，大聲喝報看到的屍象給檢驗官和在場人員聽。當檢驗人員不足時，仵作直接充當了檢驗官。不過為了維護司法公正，仵作也不能隨意亂驗，勘驗書上需要仵作簽名，如有不妥，將受到重罰。古代的仵作驗屍，並不涉及現代西醫科學技術，特別是病理學的內容。如果是女性死者或者是傷患，男仵作不方便檢查，就需要「坐婆」來擔任了。

中國古代法醫如何一步步走向正規？

《疑獄集》這本書是中國現存最早的案例選編。作者和凝是五代第一名士，在當時的文學思想界很有地位，著有《疑獄集》兩卷（西元 951 年），他的兒子和蒙後來又增訂兩卷，合成四

卷。後來，南宋初期的鄭克編著了《折獄高抬貴手》，又名《決獄高抬貴手》，原書二十卷，是宋代偵查類文集的集大成者，較為系統地總結了前人在案件的偵破、檢驗、審訊、判決和平反冤獄等方面累積的正反兩方面的歷史經驗。只可惜原書大部分已經失傳，留下的版本也有很大差異，其中永樂大典中也保存了一部分。

（《折獄高抬貴手》）

之後的南宋小官桂萬榮從《疑獄集》、《折獄高抬貴手》和其他史料、筆記裡，精心挑選了各色典型案例編撰了《棠陰比事》。其書題目出自《詩經·甘棠》，記載了召伯在棠下聽訟斷案，公正廉明的事情。「比事」，是把兩個相近案例緊密地排列

前言 ────────────

在一起。《棠陰比事》共搜集 144 個案例,在有限的篇幅中容納了豐富的內容。

　　中外法醫界普遍認為,宋慈於西元 1235 年開創了「法醫鑑定學」,南宋中後期著名法醫專家宋慈寫《洗冤集錄》,就參考了《疑獄集》和《折獄高抬貴手》這兩本書。南宋的宋慈被稱為世界法醫學的鼻祖,多次在電視劇中擔任主角。後世中國的所有法醫都人手一本《洗冤集錄》,至今依舊是必修課程。元代的法醫學家王與撰寫補正了《洗冤集錄》,並寫出了《無冤錄》。該書也稱為明清刑事偵查死傷檢驗必備用書。

宋慈

洗冤集錄

南宋‧宋慈 著

（宋慈寫《洗冤集錄》）

　　明代的法律中將「仵作行人」正式改為了「仵作」,但是地位仍然十分低下,還不是正式公務員。到了清朝,仵作才成為政府正式雇員,享有薪資待遇。到清末,由於受西方法醫學的

影響，清政府在北京設立了檢驗學習所，設立法醫學、理化學等課程，雖然沒什麼實際成效，但這是法醫走向現代化的一大進步。清朝光緒年間的官員胡文炳又根據鄭克《折獄高抬貴手補》的內容搜求輯錄了歷朝歷代的各種刑事、民事等案件719例，也為當代的法醫科學提供了借鑑。

西方的法醫竟然是最強髮型師？

世界範圍內，西元前後的巴比倫、波斯、希臘、埃及和印度的一些法典和醫學著作中已有一些關於法醫學的內容。凱撒（Gaius Julius Caesar）被刺殺後就有詳細的傷痕報告。到了西元529年，東羅馬帝國皇帝查士丁尼一世下令編纂了歐洲第一部系統完備的法典《民法大全》（*Corpus Juris Civilis*），在這部法典中規定：「醫生在訴訟中不應當是哪一方的一般證人，而應當以其專業知識為基礎幫助法官提出公平說明和主張。」這可以算是法醫的雛形。12世紀中期，十字軍東征後建立了耶路撒冷王國，其制定的《耶路撒冷法典》（*Assizes of Jerusalem*）中，首次明確了法醫鑑定制度。法醫鑑定的風潮很快刮遍了整個歐洲。雖然各國立法者都漸漸發現了法醫鑑定的重要性，但教會頒布了禁令 —— 禁止擁有醫學知識的神父和修道士對病人實行外科與放血手術，因為在當時的社會，人們普遍認為手上沾染到鮮血有損自己的尊嚴，所以外科手術往往交給另一個拿小刀的人 —— 理髮師來做，理髮師通常具備了拔牙、放血、包紮、

前言

引尿、割瘤、綁疝氣等各種外科醫療技術。西元 1626 年出版的《理髮師手冊》中詳細描寫了靜脈放血術、水蛭放血術、麻醉術等技巧。後來理髮店門口的紅藍白燈柱，就是由繃帶、靜脈和動脈的象徵演變而來的。

隨者文藝復興的開始，更多人開始把法醫學作為一種科學來研究。西元 1598 年義大利醫生菲德里斯（Fortunato Fidelis）的《醫生關係論》被認為是第一本真正意義上的法醫學著作，1642 年，德國萊比錫大學（心理科學的誕生地）首先開設系統的法醫學講座；1782 年，柏林創辦了第一份法醫學雜誌，從此法醫科學初步形成它自己獨立的體系。

19 世紀隨著顯微鏡的出現，法醫越來越科學化，最終形成了以西方現代醫學體系為指導的法醫科學，逐漸超越了東方的法醫學。1899 年，隨著列強的入侵，各種科學也引發了華人的關注，西方近代法醫學開始傳入中國，清朝結束後，1915 年北京和浙江醫學專門學校都開設了法醫課。

中國現代法醫學鼻祖，是宋慈的福建老鄉林几，1918 年考入北大醫科院前身的北平醫學專門學校，1924 年到德國學習法醫學四年，回國之後積極培養法醫人才，創立法醫研究所和期刊。1949 年後，林几受聘為衛生教材編審委員會法醫學科組主任，編審法醫學教材，並舉辦兩年制高級法醫檢驗人員培訓班，為中國培養了第一批法醫檢驗人才。

（林几）

　　法醫作為一門冷門卻不可或缺的職業，還有很多故事，接下來我們將介紹更多有趣的法醫知識給大家。

前言

第一章

法醫的工作，無聲的搭檔

要不要帶護身符？先看人死後會變成什麼樣子

　　作為地球上的一種生物，我們必須面對一個事實 —— 地球上所有的動物都是有壽命的，「神龜雖壽，猶有竟時」，更何況普通的人類？每天都有很多人死去，導致殯儀館也成為一個非常忙碌的單位，甚至每天都要排隊叫號，而人類的死亡方式，也不盡相同。什麼叫死？接下來這段話筆者就將細細說明這個重口味的問題。另外，下段話是根據審稿人的建議加上的，我可是喝了三瓶能量飲料才定下神順利開寫。

　　死亡的定義主要有三種分類：臨床死亡、生物學死亡和腦死亡。臨床死亡，說白了就是「醫生說你死了，你就死了」。我是很嚴肅地說這件事的，因為臨床死亡並沒有統一的標準，世界各地都略有區別。一般情況下，若機體停止心跳、腦電活動和呼吸，之後瞳孔放大、體溫變低、腦幹脊髓等神經反射消失，醫生就判斷其死亡了。不過也有些國家的醫學家對這種判斷方法是拒絕的，例如認真的日本人就發現這些都停止後，腦垂體還能像是在表演特技一般產生活動，這個人還不算是完全死亡。生物學死亡很簡單，就是所有細胞都停止活動了，如果真是這樣，那就徹底沒救了。腦死亡，就是常說的「腦幹失能＋植物人」，這種人除了像植物人那樣無法活動之外，腦電波也是一條線，沒有任何反射活動，連自主呼吸都做不到，聽起來和「掛了」的差別也不大了。腦死亡也是不可逆的。不過，不管是哪種死亡，反正

死了死就是死了，接下來請隨我來到實驗室。

死後，身體會變成什麼樣？木乃伊？喪屍還是殭屍？

這不是萬聖節，人死後絕對不會變成任何還能自由活動的狀態 —— 幽靈、喪屍之類的東西目前還和尼斯湖水怪一樣存在於傳說中，木乃伊和中國殭屍倒是可以在某些博物館裡見到，但很可惜不會動，更別說像參加真人秀一樣追著人奔跑了。

大部分人在去世後身體會自然腐敗，自然腐敗的過程聽起來很驚悚，為了不嚇跑剛打開書的朋友，我們決定先說一些不那麼恐怖的屍體，它們就是個別還能保持一些人樣的幸運者，不至於變成一團血肉模糊的馬賽克。為什麼這些個體會這麼幸運呢？想深入了解這些，這只能借鑑你家裡儲存生肉的那些方法。這時候，如果你手裡還拿著小小的解剖刀，唯一的作用是壯膽。

接下來，讓我們走進那些能保持較低腐爛度的屍體，包括凍屍、乾屍、泥人、標本⋯⋯其實你家裡都有。

　　首先來個口味清淡的，向大家介紹一下乾屍。世界上最有名的人工乾屍就是古埃及的木乃伊了，鑑於對未來的美好期望、對親人的愛，古埃及人用複雜的方法製作木乃伊，以便安慰自己。古埃及人用於替屍體內部防腐的藥物主要是碳酸鈉，也就是我們常見的蘇打粉，是天然鹼礦的主要組成部分，在很多岩石表面都可以找到這種白色粉末。由於它有吸水的特性，所以可作為一種乾燥劑。至於木乃伊的外部，會被塗上瀝青，並且纏上布條，這就做成了我們熟悉的木乃伊。

　　這些人為加工過的屍體並不是法醫能經常遇到的，在大自然中，也有很多天然的不腐屍，具體原理和人類做各種不容易腐爛的肉食基本一樣。自然界中存在風乾肉、醃肉、凍肉等，下面我們就來一一介紹。

　　乾屍保持的原理和木乃伊類似，都是靠脫水來抑制細菌生長。在沙漠中死去的人，由於面對高溫和劇烈的空氣流動（狂風和沙塵暴等），很容易快速脫水，最後處於靜止的平穩狀態，使屍體保存下來。雖然根據研究，乾屍體內的器官受到體內原本存在細菌活動影響，會有不同程度的破壞，但是也會由於環境惡劣而較早停止腐爛。在新疆和內蒙古的戈壁灘上，有時就能看見自然風乾的古屍，著名的有樓蘭古屍、吐魯番古屍等，

甚至還有疑似近代探險家彭加木的乾屍。筆者本人也在戈壁灘上見過保存相對完整的乾屍，不過是羊的。乾屍至少體表還是相對乾淨的，和接下來幾種比起來，絕對可以稱得上是小清新了！

生活中除了風乾肉之外，醬醃肉也是不容易腐爛的食物，大自然也有「醬醃」屍體。在一些溫度較低、空氣不流通的酸性泥沼中，腐敗菌的生長繁殖受到抑制，腐敗變慢或停止下來，容易形成一種被稱為「泥美人」的屍體，又被稱作「鞣屍」。這種屍體的皮膚緻密，彷彿皮革，骨骼和牙齒的鈣質被酸性泥沼溶解，骨骼變軟如同軟骨一樣，非常奇特。除了酸醬之外，根據沼澤不同的化學成分，還有鹽沼、鹼性沼澤等，來保存一些沉沒其中的屍體。由於需要特殊的沼澤環境，東亞這類屍體較少，僅發現一例，即中國上海浦東東昌路明代古屍。地勢低窪的歐洲卻有不少沼澤中的不腐屍體，尤其是北歐，沼澤古屍更被當作魔鬼一類。

還有一種另類的醃肉是蜂蜜醃肉，具體做法可以借鑑廣式叉燒，我在本書中不做過多描述。由於純蜂蜜的糖度極高，不含任何水分，沒有哪種細菌可以在其中生活，所以蜂蜜醃製的屍體也可以達到幾百年不壞。在古代埃及等地，傳說有一種把死囚泡進蜂蜜中淹死的刑罰，或者是讓人臨死前只吃蜂蜜，排泄乾淨之後，等待其死亡後將其放入盛滿蜂蜜和樹脂的棺材中，他們的屍體便可以永遠保存。在泡了上百年後，把屍體從

棺材裡拿出來！因為阿拉伯人把蜂蜜醃製的古屍宣傳當成是一種名貴的藥材，不管是吃蜜漬人肉還是喝泡屍體的蜂蜜都有療效，甚至 18 世紀時還在歐洲貴族中流行過一段時間。看來古人也很接受某些看似重口味的推銷啊！我們也別急著驚詫這獨特思維奇葩腦洞，因為據說蜂蜜泡死人的藥方來自中國 —— 中國的很多奇葩古典醫術中，也記載過蜜漬死人入藥的方子。至於有沒有療效，那只能是誰吃誰知道。不過話說回來，比起上述的那些不腐古屍，蜜漬人的數量非常少。

　　凍屍的出場率也很高，它們是時不時在雪山上被發現的不腐屍體，最著名的就是阿爾卑斯山上的冰人奧茲（Ötzi）——一具可能超過 5,000 年的古代人類屍體。凍屍的基本原理和冰箱類似，就是用低溫抑制細菌的繁殖。凍僵的屍體和活人是最接近的，甚至剛凍死的人還有機會復活，只是成功的機會微乎其微，因為身體的每個細胞都含有液體，這些液體結冰後會膨脹，很容易脹破細胞，形成不可逆轉的損傷，尤其是脆弱而水分豐富的腦細胞，一旦脹破就無法恢復。所以我們看到解凍的屍體時經常會發現，雖然外形保存得非常完整，但是眼珠子不見了，只剩下兩個黑漆漆的窟窿。那是因為眼球的主要成分也是液體，脹破以後再解凍，就隨著水流失掉了。

　　古代中國人也希望能達到死後屍體不腐爛的效果，但是又對死者非常尊敬，無法做到古埃及人那樣將本來已經安息的親

人來個開膛破肚，古代中國人覺得那簡直是太殘忍了。於是老祖先就在棺材上想辦法 —— 有些樹木質地非常好，不容易開裂，也不容易發霉，更像塗了高露潔的牙齒一樣沒有蛀蟲。如果把屍體放到這樣的棺材中，應該就沒問題了。常見的優質棺木有梓木、柏木、杉木等，當然還有大名鼎鼎的金絲楠木，不過這些木材都很貴，基本上已經到了有價無市的地步，古代的普通老百姓是用不起的。

　　將屍體密封在一副好棺材裡頭，棺材內便會呈現一個與世隔絕的缺氧缺水狀態，各種細菌和真菌很難繁殖，從而達到長期不腐爛的效果，形成一種叫做「溼屍」的特殊屍體。隨著時間的推移，有些水分會滲入棺材當中，形成棺液，這樣會使屍體變軟，更加有栩栩如生的「特效」。世界上首次被發現的古代溼屍，即馬王堆出土的女屍 —— 辛追就是憑藉這樣的技術而保持不腐。關於辛追的具體研究足夠寫成一本書，在此只簡要說明一點：辛追能達到這種效果的關鍵點是：密封深埋導致的恆溼恆溫、缺氧無菌。如果你對這位神奇的女屍很感興趣，別著急。

　　至於中國古代是否會有專門的防腐棺液在下葬前注入棺材，以及棺液的具體配方，學術界還存在很大爭議。棺材的效果如同罐頭，也能保持較長時間的「新鮮」。如果你還是無法想像，那就看看你家有沒有用蛇或者壁虎、海馬泡的藥酒，對了，那也是一種標本，馬王堆的辛追女屍差不多就是那樣。

判斷屍體的類型，對於法醫來說非常重要，如果發現一具疑似「一年前」的屍體，結果是一千年前的，那麼警察叔叔們不是就白忙一場？那麼，如果不做任何處理，也沒有大自然的極端環境，讓死者身上的「小生命」自由自在野蠻生長，會出現什麼狀況呢？

一旦機體失去生命，內部就開始造反

　　屍體腐敗的過程光是想想就讓人覺得很恐怖，不過別擔心，我會盡量用歡樂灑脫的語句來描述這個過程。如果你此時正身處法醫實驗室中，建議你把手裡的解剖刀交給旁邊的專家，免得一緊張劃傷自己。

　　人體（當然也包括大部分動物）在失去生命活性之後，即使沒有外界的昆蟲和微生物入侵，自己的內部也在醞釀著造反了。由於心臟停止跳動，人體細胞失去供血，大腦作為耗氧量最大的器官，會在幾分鐘之內完成細胞死亡，其他的細胞有些會存活好幾天，但是大腦死亡了，其他細胞也無力回天。人死後一分鐘，皮膚顏色就會因為血液不流通而變化，全身的肌肉也呈現鬆弛狀態。由於沒有血流，自然也就沒有血壓，死後四五分鐘，鬆弛的眼球會因此變得扁平，瞳孔放大，眼睛會變成看起來像是玻璃的「晶體」，那些生前因為眼睛非常鼓而被人取綽號的朋友們，此時終於可以申請平反了。

古代中醫經常會說某些疾病是由心火、肺火、胃火等引起，這些只有華人才有的比喻很有意思，預算人死了之後，這些火也都一起滅了，人體無法像之前那樣保持恆定體溫了。根據相關統計，活人「口腔溫度平均值為 37.19℃，正常浮動範圍為 36.7℃～ 37.7℃；直腸（肛門）溫度平均值為 37.47℃，正常範圍為 36.9℃～ 37.9℃；腋窩溫度平均值為 36.79℃，正常範圍為 36℃～ 37.4℃。」一般測體溫都測這三個地方，人去世後會用特殊的屍檢溫度計刺在腎臟等器官上測定。有耐心的研究者測定，人去世後，由於體溫還能以傳導、輻射、對流和水分蒸發等形式擴散到外界，人體會以每小時平均 0.8℃（具體還要考慮當時的環境溫度）的速度降溫，直到與外界環境溫度相等。同時，身體也開始僵硬（專業詞彙稱作出現「屍僵」），關節無法彎曲，整個體表變得像木頭或者硬橡膠一樣，這就是人們常說的「死人手指掰不開」的殭屍階段。成為殭屍後，就算你替他穿上鋼鐵人的自動盔甲，他也無法做出正常人的動作了，更別說出現詐屍後跳著追人這類高難度動作。

　　一般來說，周圍溫度越高，屍體僵硬越快，之後僵硬消失得也越快；反之，僵硬得慢，消失得也會更慢。不同年齡的死者僵硬程度也會不一樣，老弱病殘幼的個體因為肌肉不發達，所以僵硬出現得快，消失得也快，這或許可以解釋《植物大戰殭屍》（*Plants vs Zombies*）裡頭的看報老漢殭屍和小鬼殭屍為

什麼跑得更快。至於那些從來沒鍛鍊過的小嬰兒,有時在死後 10 ~ 30 分鐘即發生屍僵。成熟嬰兒的屍僵較明顯,那些細嫩得如蛋白一般的未成熟嬰兒的屍僵較弱,持續的時間也短,所以有時甚至不易察覺。而肌肉越發達,僵硬出現得就越晚,看來平時多鍛鍊身體還是有好處的呢!另外,如果是因為觸電、重病、中毒等原因死亡,由於肌肉蛋白質變性(degeneration),所以屍僵會出現得更晚也更弱,但是因為上述肌肉變性而突變為超級英雄是絕對不可能的。

屍體僵硬通常從咀嚼肌開始,這時候死者的顏值就開始降低了。僵硬現象會逐步往下蔓延,一直到腿部。不過在常溫狀態下,屍體的腐敗還會繼續,僵硬狀態在 24 ~ 48 小時後會緩解,如果不加以處理,有些部位甚至會達到柔弱無骨的效果,這時候如果還能動,那就可以當瑜伽教練了。三天到一週之後,屍體的僵硬現象就會徹底消失。寫到這裡,我真的很佩服發現這一現象的那位科學家,能讓屍體在常溫中放一週,我真心希望他只是在觀察死老鼠。不過,其實這都是小 case,專家更拼的行為還在後面。

真實情況是,自 1971 年起,為了研究屍體腐敗的過程,美國三所大學(西卡羅萊納大學、田納西大學和德州州立大學)特別成立了所謂的「屍體農場」,以無人認領和捐助的屍體為研究對象,專門研究屍體的腐敗過程等問題。在此,非常愛吐槽

的我也不好意思吐槽了，只能為那些在屍體農場工作的人們獻上我的膝蓋，感謝他們為法醫學做出的貢獻。

說了這麼多，好像還沒有提到屍體是怎麼腐敗的。其實，堅實的堡壘最容易從內部打破，屍體腐敗並不是從表皮開始，而是從內部。死亡兩三天後，腐爛由腹部開始，而造成腐爛的元素，曾經都是人類不可或缺的盟友。比如，我們每個人胃裡都存著大約一升的危險液體，這就是胃酸，主要成分是鹽酸，只要你吃東西，這玩意兒就會不斷分泌，一旦胃酸罷工，你就會消化不良。胃酸連金屬都能消化（為了生命安全請勿吞鐵做實驗），但是為什麼不會消化自己的胃呢？答案就在胃黏膜。胃黏膜就像胃裡的衛兵，時刻保衛著胃囊的內壁，他們是不怕酸的，在他們的守衛下，胃酸們就只能乖乖的切菜（弄碎食物）了。

可是胃黏膜壽命很短，要經常更新，不斷由胃的內壁細胞製造新的黏膜。可是一旦人去世，胃黏膜自然無法再生成，沒有保全，這群危險的胃酸勞工就開始造反了，先衝破胃壁再說！

接下來的過程不用我多描述，衝破胃壁的胃酸彷彿一支超能力部隊 —— 神擋殺神，佛擋殺佛，我們連鐵釘都能消化，還在乎幾塊不新鮮的肉嗎？

腸道中的消化液也不甘示弱，本來用於分解食物的消化液此刻全都按捺不住，胃液和腸液以及其他所有消化液的造反過程，在法醫學上有一個專業詞彙，叫「自體消化」（autodigestion）。腸道中的細菌種類也十分豐富，在人活著的時候，它們可以說和人是共生關係，在幫助人類消化吸收這方面功不可沒，可是人一旦逝世，這些細菌也不再那麼乖巧，反手就開始瓜分老朋友的肉體。因此，在死後數小時，細菌就能透過分解蛋白質等有機物，產生硫化氫（臭雞蛋的氣味）、氨氣等有異味的氣體。

人嘴裡的細菌也是數量眾多，常見的就有六百多種，細菌總數超過了地球人口。這些細菌當然也不甘寂寞，順著口腔到鼻腔、耳咽管，再和這裡的細菌兵合一處將打一家，先攻下附近一個大軟柿子再說！至於這個大軟柿子，當然就是曾經擔任司令部的柔軟多汁的大腦。由於細菌通常分裂繁殖，一個變兩個，兩個變四個，四個變八個，繁殖得非常快，屍體對於它們而言是絕佳的食物來源，不瘋狂擴張人口（應該是菌口），還等什麼呢？所以世界上並不存在「殭屍吃掉了你的腦子」這種情況，大部分人反而是被不起眼的細菌吃掉了腦子。

胃酸、腸液和細菌在沒有免疫系統的人體內鬧了個天翻地覆，此時你身體的本質已經發生了不可逆轉的變化，就算請如來佛祖也沒有用了，所以說什麼死人吃了還魂仙丹能復活，請務必不要相信，神話裡都是騙人的。

人體內的各種其他酶（也就是生物催化劑）也不會老實。在人活著的時候，催化酶是推動各個生命活動不可或缺的東西，可是人死後，它依舊活躍，為屍體的腐敗添磚加瓦。由於催化

酶本來就是人體自己分泌的，不論有沒有細菌都會存在，所以由於它們的作用而引起的細胞溶解，被稱為屍體的「自溶現象」。在人去世後，人體的所有組織都逃不過「自溶的魔咒」，即使是 8 週以上的胎兒，在無菌的羊水浸泡下也會發生改變，被稱為浸潤兒（maceration）。有些臟器自溶較快，比如大腦、胰臟、腎上腺、胃黏膜等，甚至會完全破壞其組織細胞。另一些器官，比如肝、腎、脾臟等，自溶比較慢，也是先變得質地鬆軟，最後細胞結構被破壞。發現新知識了對不對？下次買豬肝或者其他的生鮮肉製品的時候，那些鬆軟到有點不正常的，肯定是不新鮮的！

從生態鏈的角度來說，自溶現象的存在，為許多動物提供了更易於獲取的食物來源（食肉昆蟲對於死者的各種大不敬的行為我們之後再說），聽起來好像挺大公無私的。不過，屍體上的各種小動物，也是法醫工作中需要用到的重要證據。

死亡 3～4 天後，腐爛從腹部擴散，人的靜脈稍微褪色，5～6 天後，由於細菌分解產生了氣體，人體會變得腫脹，皮膚會出現水泡，血沫有可能從口鼻處流出來，讓人誤以為屍體還能「上火」；8～10 天後，部分人的舌頭會伸出來，這時候就算生前再可愛，也沒有任何賣萌的效果了。3 週～1 個月後，人的組織變得越來越軟，甚至開始液化，漸漸「零落成泥碾作塵」，牙齒和指甲也開始脫落。幾個月後，脂肪會變成綠色

物質，有些像綠蠟，因此機智的專家們幫它取了個專業名詞叫「屍蠟」（adipocere）。最終屍體會完全看不出相貌，除了骨頭和頭髮（沒想到這東西也是異常堅韌）之外，其他的東西都回歸了大自然，難以維持原狀。

救命啊！詐屍啦！

根據一些氣氛詭異的都市傳說，很多人在去世之後還會表現出一些類似活人的特點，會流淚、頭髮指甲會變長、會出現特殊紋身、會發生抽搐、甚至孕婦腹內的胎兒還會長大，這到底是怎麼回事？不是說鬼不存在嗎？接下來就讓我逐一闢謠。

死人也會哭？

我不得不說，上述這些詭異的事情都是真的，只不過真相一點都不靈異。比如死者流淚這件事，聽起來很嚇人，可是如果你把本書往前翻幾頁，就會看到一個劃重點的詞彙 —— 自溶現象！

或許大家還記得之前講冰人的時候筆者提過，眼球是富含水分的，作為這麼一個脆弱多水的器官，活著的時候就十分脆弱，死後當然也是第一個被催化酶溶解的器官。你可以把眼球理解為一個類似膠囊的東西，當外皮一破，眼球中的組織液就會流出來，如果角度合適，就會從眼眶中流出一些液體。當然，這些液體比水的密度要大一點，仔細看是可以看出來的，不過，一般人誰會趴上去看啊！

死後頭髮和指甲變長？

很多人都說，某些屍體放久了，就會發現它們的頭髮和指甲都變長了，好像根本沒有死，只是睡著了。這當然也是無稽之談，真相是人類在死後１～４小時後，頭皮逐漸開始僵硬，所以頭髮會豎起來，看起來變長了。另外，在形成乾屍的過程中，由於人體脫水，皮膚變得乾癟 —— 就像牙齦乾癟會顯得牙齒變長一樣，皮膚乾癟也導致頭髮和指甲顯得更長。這提供了那些講鬼故事的人絕佳的素材，以至於大部分的鬼都是長頭髮長指甲，簡直成了一種固定形象。

死後紋身 —— 屍斑

不管活著的時候，人多麼注意保養皮膚，死後皮膚上還是會出現一些類似傷痕的東西，有些傳說或許會以為這些是天賜的「紋身」。其實專業上稱這種東西為屍斑（livor mortis），形成原理也非常簡單 —— 受到重力作用，人的血液往低處流，堆積在身體較低的位置而形成。屍斑可以讓法醫斷定屍體死時是什麼位置，是否被人挪動過，鑑於這是一本給初學者看的書，這裡我不打算再進一步討論。

屍體會抖動？

　　某些古人認為，睡覺時是靈魂離開了軀體，那麼此時候猛地抖腿就是靈魂又回來了 —— 根據這種邏輯，屍體如果抖動，就表示這位很有可能再活過來。這絕對是危言聳聽。切成兩段的魚，有時候也會在案板上跳一下，死人哆嗦幾下也不是不可能。這就是所謂的「超生反應」（supravital reaction），即人死後某些組織和細胞仍然能保持活性。有一個在生物課本經常會提到的實驗，將青蛙的腿連著粗大的坐骨神經剝離出來，然後刺激神經，青蛙腿就會發生抖動，這是一種常見的緊迫現象（stress）。

由於青蛙腿比較小，動起來很容易，可是人的屍體刺激到神經並發生抖動的機率就很低了，再加上人這種生物本來就喜歡想太多，原本非常簡單的「刺激 —— 反射」過程竟然被神話了。

　　所以，這些痙攣現象只是正常的神經肌肉反射，並不代表死者還能站起來繼續哆嗦，更不可能成為亞洲舞王。

左勾拳、右勾拳，焚化爐裡練拳擊？

　　不過，還有更玄乎的，有些在火堆裡焚燒的屍體還會動，甚至是「垂死病中驚坐起」！這是要演哪齣？

　　如果死者進入了火葬場的焚化爐，由於受熱均勻溫度高（接近 1,000℃），身體的有機物部分會在短時間內迅速被焚燒殆盡，一小時左右就能燒成煤渣一樣的骨灰。可是有時候焚燒屍體，並沒有非常高級的焚化爐，而是架起柴火露天燒烤。這種火堆，通常溫度在 600 ～ 800℃，烤一支小小的羊肉串都要半天，更何況是要把那麼大的人體燒成灰呢？所以，這種火堆要想把人燒成骨灰，就只能先烤熟了，再慢慢燒焦碳化，最後再燒成灰。請大家想像這個過程，皮下的油脂被烤得滋滋滲出來，皮膚肌肉都已經變形，再加上受熱不均勻……見過烤蝦是怎麼變彎的嗎？現在被放到火堆上的死者，不論他生前是多麼剛烈的直男，這時候也要彎曲一下了。

　　但是人的個頭太大，所以彎曲的地方往往就是一些比較小

的部分 —— 如脖子、手指、手臂等，這幾個地方這麼一彎，就會呈現出一種「拳擊狀」動作。所以很多消防員都會看到火災現場的屍體都像是拳擊手，不知道的還以為是和火焰搏鬥失敗而陣亡了呢！

　　一般來說，在柴火上焚屍，周圍會有很多親戚朋友圍觀，有些還沒有顧得上吃瓜的群眾很快就會發現火中屍體的小動作，當屍體彎曲，同時導致其他部分脫落的時候，看起來就更像是自己坐起來了。這時候千萬別潑水，因為……這時候已經搶救不了了，等一下還要點火。透過另一些因為煙霧繚繞等原因沒看清楚屍體小動作的吃瓜群眾這麼一傳播，就變成屍體在火中能動這種奇聞了。

　　一般而言，如果屍體死亡時間比較短，火焰溫度又比較低，看到肌肉收縮的機率就相對高了。不知道中國的古人是不是早就發現了這個祕密，乾脆不提倡火葬，所以能看到這種奇觀的機會就越來越少了。除非是像武大郎那樣被懷疑為有可能攜帶傳染性病毒的，才進行火化。不過好在他坐著站著躺著都差不多高，所以大部分圍觀群眾都忽略了……

屍體懷孕生子？

　　網路上有一個流傳很廣的驚悚新聞，某博物館的工作人員由於長期精神壓抑，對一個女木乃伊產生了感情，某次獨自值

夜班的時候，不顧世俗的眼光，越過道德的邊境，大膽走過愛的禁區，對女木乃伊做出了不可描述的事情，沒想到女木乃伊竟然懷！孕！了！那位大膽而喜當爹的工作人員還向媒體坦白，勇敢地承擔了責任，表示「不是我不小心，只是真情難以抗拒」......在飯桌上聽到此新聞的筆者此時早已笑得前俯後仰，手中筷子夾著的花枝丸險些掉到地上。

首先，我們已經於前文說過，木乃伊是乾屍的一種，而且是挖去內臟的乾屍，如果你能讓木乃伊懷孕，那某天用整條蛇皮做成的蛇皮袋、整張牛皮做成的沙發也能懷孕了。就算屍體沒有摘除內臟，所有的細胞都停止了活動，也不可能懷孕生子。

上文提到屍體在自然狀態下的變化過程中，有一個關鍵點一直沒提，就是為了在這裡放大絕 —— 其實去世後肚子變大，是一種再自然不過的現象。

之前我們提到，人去世後，體內的細菌開始造反，從內部消化人的肉體時，放出大量的氣體......為了埋下這個伏筆，筆者狠心地沒有在上文中說出如下事實：根據相關資料，在春秋季節於死後 3 ～ 7 天，夏季於死後 2 ～ 3 天，冬季於死後 15 ～ 30 天，就可以明顯地看到人的肚子變大了，就像一顆氣球。由於腐敗氣體使腹腔內壓增高，人的心臟和肺部受到擠壓出血，會混合著其他液體湧向喉頭並經口鼻溢出；胃腸也會受壓迫，使胃內沒消化的東西溢出口腔之外，或者進入喉頭、氣管之

內，這被稱為死後嘔吐。同理，盆腔受壓迫，會使死者放屁，使直腸內消化完的東西溢出，甚至使肛門脫出。女性的子宮也可能因受壓而脫出，如果是懷孕女屍，子宮內的胎兒也會因受壓而娩出，稱為死後分娩（postmortem delivery）、棺內分娩。死者的肚子會越來越大，甚至會脹破。當然，像電影《屍控奇幻旅程》（Swiss Army Man）那樣，透過放出腐敗氣體變身為人肉汽艇的，就太誇張了。

最後，說完了這麼多重口味的內容，再引用一句定義：高度腐敗的屍體，由於其全身充滿腐敗氣體，整個屍體腫脹膨大成巨人，根本看不出生前的容貌。這種現象稱為腐敗巨人觀。在天氣炎熱的夏天，人從死亡到屍體液化，只需要一個月左右的時間，如果有蒼蠅等昆蟲幫助，這個時間會更短。

彩蛋：雖說人已逝，但依然可以立旗幟

最後再說一件有點不可描述的事情，被稱「天使的慾望」，就是一些男性在失去生命活性之後幾小時，會出現生殖器官起立的狀況。有沒有很毀三觀？

弄清這個問題之前，我們要先上一節普通的生物課：活人是如何立旗幟的？人類和大部分雄性動物的生殖器官裡頭有一種名叫「海綿體」的組織，顧名思義如海綿寶寶一樣多孔鬆軟，當血液注入時，它就會變硬。調節海綿體中血量的肌肉平時是

收緊的狀態，所以那裡就像大象鼻子一樣是軟趴趴的，當到了發情期時（尤其是人這種成熟後一年四季都在發情期的動物，更容易達到如下效果），器官接收到相關訊號，控制血流量的肌肉開始舒張，血液就會進入海綿體，使其內部壓力增高，海綿體就變硬了（還不懂的朋友可以猛地替自家的橡膠水管充水試試）。海綿體膨大之後，會壓迫周圍靜脈，讓血流只進不出，進一步增大體積，直到連根部的海綿體也變硬，使整個器官完全立起來。這時候如果男子突然死亡，這個狀態也能保持下來。在宋慈《洗冤集錄·男子作過死》裡有過相關的論述，認為死在婦人身上的男子「陽不衰」，雖然有些迷信成分在其中，但是判斷屍體生殖器官的狀態，確實對收集破案線索非常重要。

當男性去世後，如果他是趴著的話，大概是立不起來了，因為透過某些重口味的灌水試驗，想讓屍體的陰莖勃起，灌注壓力起碼要 85 ～ 100 毫米汞柱，一些血壓較低的活人收縮壓也不過如此，而 100 毫米汞柱換算成水柱高度大約是 1.4 公尺，也就是說，除非此人趴下的高度可以達到 1.4 公尺，才能出現這種狀況。但是，如果屍體的姿勢很特殊，襠部正好處於最低的位置，那就可以達到立旗幟的效果了。

另外，很多屍體在去世一瞬間會發生勃起，是由於中樞神經系統受到了損傷，如頭部槍傷、絞刑等，這時候心臟還在工作，一片混亂的「指揮部」就有可能發送讓小弟弟起立的訊號。之後

人馬上就去世了，中樞系統卻已經無法指揮那裡消除起立狀態，器官就能長期如死去的胡楊樹一般立著。而那些吊死的人，由於脊髓和頸部大動脈突然受損，腰部的血液一下子湧入海綿體，也會讓它發生變化。同理，腹部外傷以及手術也可能刺激到位於脊髓低位的勃起中樞，導致類似的後果。某些神經毒素（比如某些有「藍色小藥丸」作用的蜘蛛毒素，後面會提到）也會加快人體血流並刺激相關神經，導致死者出現這樣的情況。

　　美國動畫電影《尖叫旅社》（*Hotel Transylvania*）中，不論是死去的殭屍，還是沒有一點肉的骷髏，都能像正常人一樣吃吃喝喝遊山玩水，這或許會讓很多觀眾對死後的生活略微憧憬。很可惜，我們在太平間看到的這些「栩栩如生」的現象並不足以讓這些死者擁有尖叫旅社的邀請卡。下次再有同學繪聲繪色地向大家描述這些靈異現象的時候，你可以用這些話來安撫眾人的心情，同時得到一個「消除靈異事件小能手」的稱號。這一章就告一段落了，大家或許多多少少還是有點不適，沒關係，接下來，請進入下一章，你的胃也一定能舒服一點。

第二章　與法醫密不可分的生物學

透過頭骨還原相貌

　　法醫，面對一具很可能看不出外貌的遺體，知道它活著時候的身分非常重要。不過很多時候，當屍體變得只剩白骨，辨認起來是非常困難的。但是！法醫們是不會被這些困難打倒的，相貌還原這種看似很逆天的技能，只要聯合解剖學家、古人類專家，想知道白骨原來的樣子，這都不算什麼。

　　透過顱骨還原人的相貌，這種看似很新奇的技能早在大清國還沒滅亡的時候就有。西元 1877 年，清朝光緒三年，貝爾成立電話公司，愛迪生發明留聲機，左宗棠收復新疆，日本處於明治維新期間……就在這全世界都很努力的年頭，德國一名不太出名的解剖學家沙夫哈森（Schaffhausen）最早提出了根據頭骨來還原生前容貌的想法，他認為，人臉上的軟組織的厚度是有規律的，只要知道頭部各處的軟組織厚度，就可以推測出頭骨所有者生前的容貌。可是這位名字本來就不順嘴的老師竟然沒有實際操作一番，或許這就是他不出名的原因。直到六年後的 1883 年，德國的另一名學者威爾克（Wilke）才對 13 具男屍的頭面部軟組織進行了厚度測量（看來 13 在歐洲果然是個不吉利的數字）。

　　頭骨為什麼能更加精確地還原人的相貌呢？根據該領域的大師格拉西莫夫（Mikhail Mikhaylovich Gerasimov）的理論，頭骨與面部之間的關係有四個特點。首先，每個人的頭

面部都是由皮膚、肌肉等軟組織包著頭骨形成的。頭骨是容貌的構架，就像房子的四梁八柱，五官和頭面部的軟組織附著在頭骨的相應部位上，形態受頭骨各部位形態和結構關係的影響和制約。第二，人在變胖變瘦的過程中，除面頰部變化較大以外，其餘部位的軟組織厚度相對恆定。也就是說，胖子其實就是腮幫子胖，鼻梁、眼眶、額頭、耳朵一般都不會堆積脂肪。所以各位讀者朋友還是盡量減肥吧！以免未來的人類學家無法復原出你的真實相貌，那可就真是「一胖毀所有」了。第三，透過研究，頭骨可以反映出面貌隨著年齡的變化和不同性別、不同種族的特徵。第四，成年人的頭骨個體形態相對恆定，很難發生變化。因此，根據這些固定的特點，用頭骨來復原亡者的生前容貌是可行的。

不過，真正讓顱骨還原技術大顯身手的事件還要感謝歐洲近代音樂之父、西方音樂史之父約翰·塞巴斯蒂安·巴哈。巴哈是德國人，出身於不折不扣的音樂世家，從 16 世紀開始，300 多年來出了 52 位音樂家，巴哈本人的 20 個孩子中也有 4 名音樂家。或許是這一家人都太沉迷於音樂了，對時間和空間的記憶都比較差，竟然沒有人按時祭拜，以至於到了一百多年後的 1895 年（巴哈仙逝於 1750 年），德國萊比錫的聖約翰大教堂要翻修，教堂附近的墓地也要擴建，巴哈的墳墓要遷移，這時候大家才發現巴哈墳墓的具體位置已經無法辨認。巴哈活著的時候知名

度並不高，死後 50 年幾乎就被粉絲們遺忘，可是死後 100 年左右又被眾人捧上神壇，成為音樂史上最重要的人物之一。到了翻修墓地的時候，有些知情人士模糊地記得，巴哈埋在一號地塊，棺材是橡木的，距離教堂南門非常近。人們費了很大力氣，才找到一具貌似巴哈的老年男性屍骨，該屍骨的長度為 166.8cm，顱腔的腦容量為 1,479.5mL（接近德國人的平均容量）。

於是，相關負責人教區長特蘭澤爾（Tranzel）博士跨越國籍的障礙，請來了瑞士的解剖學專家威廉‧希斯（Wilhelm His），我猜測請他的原因是出於他名字的諧音「where him（他在哪裡）」，不過德國人大概不懂這個梗。

威廉‧希斯使用了威爾克的方法，選取了 24 具自殺男子的屍體，甚至還測了 4 具女性的屍體，對其面部 15 個定位點的皮肉厚度進行測量之後，得到了一些平均數據。然後他把資料和疑似的巴哈頭骨交給了一個名叫卡爾‧塞弗內（Carl Seffner）的雕刻家。雖然並未被希斯先生告知這顆頭骨的疑似身分，可是雕刻家不負眾望，根據這個頭骨塑造出了一個半身像。這個雕像的臉和巴哈生前的畫像十分接近（幸虧歐洲油畫是十分寫實的，如果是中國古代的那種寫意畫......），所以威廉‧希斯斷定這個屍骨就是巴哈本人。現在看來，威廉‧希斯的方法並非沒有漏洞，巴哈的子女眾多，家族還有其他不少成員，此事發生時，他那些比較長壽的兒子此時也死去了大約 100 年（有 11 個

子女早於他去世），應該調查他們是否也埋在這塊墓地，還應該
判斷棺材和其他陪葬衣物的年代是否符合，不過這些都不是本
章中需要說明的了。

威廉・希斯透過頭骨復原了巴哈的相貌，並以此寫了篇論文
發表。這在當時絕對是一個轟動性的新聞，以至於幾乎所有人
類學家和考古學家都拿它「洗版」。三年後的 1898 年，在各國
列強忙於和大清國簽訂不平等條約時，嚴謹的德國人也不忘科
學研究，德國學者卡爾曼（Kalman）和布基（Bucky）在人的
頭骨上選取 18 個觀測點，透過解剖 45 具男屍和 8 具女屍測得
了面部軟組織的厚度，這一劃時代的舉措（因為統計學上超過
30 個樣本才能被稱為有參考價值的「大樣本」，默默為差兩個
樣本就能夠更上一層樓的希斯先生心疼一分鐘），為各國的科學
研究人員做出了榜樣，各國都用這種方法來測本國人民的平均
臉皮厚度，那時候被送去研究的屍體大概都逃不脫毀容的命運。

雖然德國一直在科技上走在世界前列，可是在這方面貢獻
最大的科學家卻是來自蘇聯的 M・M・ 格拉西莫夫。這位名字縮
寫和某彩色巧克力豆品牌一樣的大師考量到蘇聯的民族眾多，
想到可以測量全國範圍內不同民族的臉皮厚度，並且透過豐富
的經驗，總結並提出了較為全面和系統的理論。後來他出版了
專著《從頭骨復原面貌的原理》（*The Face Finder*），1950 年還
獲得了史達林獎金。在書中他提出了很多到現今都非常有用的

理論，如男女顎骨的不同，透過牙齒磨損、頭骨癒合的程度判斷年齡等。這位憂國憂民的格拉西莫夫大師對顱骨復原的貢獻顯然是不可磨滅的，為後來蘇聯豐富的對內對外戰爭中辨認屍體是否是「自己人」非常有用……格拉西莫夫還是將顱骨復原運用到犯罪偵查學當中的先驅，是不折不扣的祖師爺級人物。

　　格拉西模莫夫的功績遠不止如此，他還成功的復原了博物館裡大量的古人類和歷史人物的相貌，包括 18 世紀俄國傑出的軍事天才、俄羅斯沙皇帝國海軍第一個世界意義上的名將 ──「海軍保護神」費爾多爾·費奧多羅維奇·烏沙科夫（Fyodor Fyodorovich Ushakov）。令人唏噓的是，格拉西莫夫甚至還根據史達林的最高指示，不顧廣為流傳的「誰打擾我誰倒楣」詛咒，在 1941 年 6 月 19 日跑到當時屬於蘇聯的烏茲別克撒馬爾罕城（Samarkand），突破老百姓們的重重阻止把來自蒙古黃金家族的優秀領導者、半人半神的國王帖木兒（這位在西元 1370 年建立過讓整個歐洲都膽顫心驚的帖木兒帝國）的墳墓給刨了，復原出帖木兒及其家人的容貌，不過兩三天後蘇德戰爭就爆發了，蘇軍被德軍一頓暴揍，直到 1943 年 1 月史達林還回帖木兒屍骨重新下葬，戰爭才因為史達林格勒戰役的大捷而扭轉戰局，堪稱是「最下重本」的一次科學研究。不知道格拉西莫夫在戰火中抵著這種「靈異性巧合」的輿論壓力做研究，是怎樣一種體驗。

現在國際上通用的復原相貌的技術主要有四大方面：繪畫、雕塑、電腦還原以及……口述相貌（無言！）很多古人在歷史書上有相關的容貌記載，可以作為一定的參考 —— 不過像巴哈那樣當時連兒子都死了一百年的人，大概沒有活人見過他的相貌，當然也沒有描述了。繪畫是利用二維圖形來表現三維的人臉，也常常有失偏頗，因為我就是那種從不同角度看完全不像同一人的臉型，在此我們要再次感謝巴哈的畫像非常寫實。目前，最可靠的還是雕塑法和電腦還原。

　　雕塑還原法所用到的常用雕塑手法包括泥塑、石膏像、蠟像等。早在 1920 ～ 1930 年代，泥塑法還原顱骨相貌就逐步代替了其他雕塑。這個方法需要先用石膏翻製一個顱骨模型（現代也有用玻璃鋼的），在顱骨上的許多測定點上打孔，並插入牙籤一樣的小木條，木條突出的長度就是該處組織的厚度，然後用軟泥在顱骨上逐漸塑造出皮肉，直到所有的木條都被覆蓋，根據頭骨的輪廓，可以判斷其鼻梁形狀（透過殘存的鼻骨），並根據顱骨表面是平滑還是粗糙推測髮際線的位置。除此之外，還能推測眉毛的形狀、嘴的大小，甚至還能判斷出其眼皮是單還是雙。復原工作者還會替頭骨模型裝上塑膠或玻璃的眼珠，最後再進行修飾，就可以知道該人的大致容貌。這種技能絕對可以稱得上是一門藝術，警察機關中很多復原專家甚至是雕塑學系的碩士博士。

顱骨容貌復原技術在 1990 年代引入中國，讓許多古代名人的本來面目重見天日，包括馬王堆漢墓的女屍辛追、魏武帝曹操、《西遊記》作者吳承恩、乾隆皇帝的妃子香妃、埃及法老圖坦卡蒙（Tutankhamun）、與耶穌同時代的以色列人，甚至很多祖先級別的原始人類。雖然達不到完全符合，不過 80％符合還是可以做到的。復原之後人們會發現古人大多數的記載還是非常誠實的，香妃確實是個大美女，曹操確實是一副奸相，讓存世的後代們幾家歡喜幾家愁，真是「復原不可怕，誰醜誰尷尬」。

在顱骨不完整的情況下，現代的顱骨復原專家依舊可以完成相貌還原的任務，如中國河北遵化清東陵的香妃墓就被人破

壞過，只剩下缺損變形的頭骨和近一公尺長的花白辮子。不過這也難不倒我們的復原專家：因為顱骨的形狀基本對稱，有一半左右的顱骨就能推測出另一半來。

現代科技顯神威

中國還有「三維顱面復原系統」，利用虛擬技術類比人臉。當顱骨被敲碎時，犯罪偵查專家就好像玩拼圖一樣把顱骨拼成原裝，至少讓一部分保持完整，再繼續進行還原。如 1993 年在南京江寧區湯山葫蘆洞發現的早期南京直立人的女性頭骨，就只發現了三個殘片，由於缺少下顎等重要部分（可能是野獸撕咬帶來的損傷），這讓中國的首席顱骨復原專家趙成文都覺得很棘手。最後研究小組從上千個顱骨庫中挑選出匹配的下顎反覆試驗比對，又經微調、縮放、修整後才確定了整個頭骨最可能出現的樣子。

過去用泥塑來還原顱骨生前的相貌，可能需要一兩個星期，且每次重塑泥像還不會完全一樣；而用電腦還原，只需要輸入頭骨的相關資料，就能分析出性別、年齡、形態特徵等，有時候一個小時就能重塑生前的相貌。軟體還可以為復原的圖加上合適的紋理、表情和毛髮等，讓復原圖更加栩栩如生。德國有一款復原軟體，甚至類比了面部的 24 塊表情肌，讓復原出的人臉可以做出不同表情。

電腦的「腦補」能力非常強大，甚至當屍骨找不到時，利用照片或畫像也能實現復原。中國第一位用電腦復原相貌的皇帝康熙玄燁，就是透過特殊軟體掃描他 50 歲時的畫像還原出來的。如果發現的是木乃伊之類的乾屍，骨骼外部還附著著皮膚，復原軟體也能在不破壞乾屍表面的情況下，根據 X 光片、CT 或核磁共振來分析乾屍生前的長相。著名的 3,800 年前的樓蘭美女乾屍就是利用中國的「警星 CCK-3 型人像類比組合系統」還原的。樓蘭美女死亡年齡大概 40 歲，乾屍出土於 1980 年，由著名考古學家穆舜英所發現，因為常年被風沙覆蓋，保存較為完整，而到了 2005 年才開始用電腦對其進行復原。復原工作的首席專家趙成文教授，被稱為「中國刑事相貌學的奠基人」，此前已經成功復原出多位古屍的相貌，甚至包括另一名樓蘭小美女。由於樓蘭美女的年代過於久遠，且沒有血統相近的同時代樣本作為參考，復原的過程斷斷續續花了三年，需要查閱大量的資料，有時候連眉毛都要換幾百種才能找到合適的。

「警星 CCK-3 型人像類比組合系統」是一款非常神奇的軟體（這裡可不是要業配，而是國際上承認的，我其實也想跳過這個品牌，但是發現很困難）。2002 年，趙成文教授利用這套軟體，復原了一具已經出土 30 年的女屍 —— 古長沙國丞相夫人辛追。這具出土於長沙市瀏陽河旁馬王堆 1 號墓的一具女屍，生前是西漢諸侯國長沙國的丞相利蒼的夫人，生於西元前 236 年，死

於西元前 186 年，享年 50 歲。雖然在出土時，辛追的遺體已經放了 2,100 年，可是皮膚尚有彈性，手指和腳趾的紋路清晰，甚至部分關節還能活動，簡直是防腐工程的奇蹟，是當之無愧的世上保存最完整的古屍。學者們甚至根據辛追創造了一個專有名詞 —— 「馬王堆屍型」。

在復原辛追面相的過程中，再次登場的趙成文教授獨沒有拘泥於本門派的技術，巧妙地利用了美術學中的「三庭五眼」理論，簡言之，「三庭」就是指「髮際線到額頭的距離」＝「額頭到鼻底部的距離」＝「鼻底部到下巴的距離」，「五眼」就是指臉寬是眼睛長度的五倍。這是一般正常人臉的比例。在將辛追顱骨的 X 光片掃描進電腦中之後，趙教授發揮美術功底，在上面畫出眼內側線、眼外側線、鼻翼線、鼻底線、髮際線、眉弓線、口裂線和下顎線、中心線等主要特徵線。根據他的理論，只要確定了這九條線，基本上就可以確定五官的位置長度、寬度和大小，面部基本成型，至少畫出來有人的樣子了。再根據相關的文獻資料、屍體照片、解剖學結構理論和多年累積的經驗（沒錯，就是別人無法直接學來的經驗），最終確定了辛追的面部特徵：杏核眼、雙眼皮、小尖鼻、薄嘴唇、狐尾眉和肥耳垂。再從資料庫中選出合適的五官進行拼接，辛追的容貌終於得以重見天日。

有些古人類的頭骨復原還會尋找其後代，透過 DNA 來分析

其可能的相貌，不過隔的代數太多，相似度能有多高？咳咳，
這只能是個「僅供參考」的線索。比如在復原曹操的過程中，
尋找了 7 脈曹操的後人作為比對，不過曹操活著的時候就有 25
個兒子和至少 6 個女兒，由至少 13 名妻妾生育，以曹操的身分
恐怕不會找醜女為妻，這些孩子之間的相貌已經和不算好看的
曹操相差很大了。再過 2,000 年，後代的相似度還有多高呢？
唯一能保證的是 Y 染色體能夠隨著男性後代一直傳遞。不過，
人體有 46 條染色體，每一條的作用還有待發展，加之基因會出
現不定向的變異（這個變異完全是隨機的），所以能有一兩個
面部特點遺傳下來就很不錯了（比如說曹操有許多後代的眉毛
外側是散開的，所以學者們推測曹操很有可能也有這種面相）。
唉，歸根到柢，就要怪中國古代的雕塑和畫像都過於「抽象」，
要是像歐洲的雕像或繪畫那樣，辨別容貌就容易多了。

　　顱骨復原並非什麼黑科技一般的神奇技術，目前，中國已
經建立了 56 個民族的五官資料庫，如果和照片對比，20 分鐘
就能判斷顱骨和照片是否屬於同一人，並在一小時內還原生前
的頭面部三維圖形，不過中國的民族眾多，不同地域的人面相
差別也很大，宋代的面相書《麻衣神相》就提出：「蜀人相眼、
閩人相骨、浙人相清、淮人相重、宋人相口、江西人相色、魯
人相軒昂、胡人相鼻、太原人相重厚。」注意到了不同地域的
人面貌有不同的特點，而現在隨著交通的發達，不同省分的人

通婚更為普遍，新疆人有可能和浙江人結婚，生下來的孩子又和廣東人繁衍後代，人們的相貌就更加多樣化了，但是又不像黑人和白人那樣差別顯著。所以很多專家也認為，頭骨復原相貌只是其中一個參考標準，當沒有其他證據可以表明死者身分的時候才能考慮使用（比如骨骼被泡在某些強酸強鹼藥水中導致 DNA 損壞，無法透過 DNA 鑑定身分），可是萬一碰見撞臉的人，造成大案被誤判，也是很可怕的。另外，其他無法從顱骨看出來的小細節也會影響的人面相，如黑痣、傷疤、皺紋、紋身、鬍鬚甚至飾物和眼鏡等，都在阻止技術專家們完全復原出死者生前的相貌。這也是為什麼顱骨復原相貌的技術沒有被廣泛推廣的重要原因。

骨骼鑑定

這一章我們會繼續學習有關骨頭的那些事，如果是開直播，我一定會擺滿一桌子各種形狀的骨頭，並貼一張告示牌：狗狗不得入內。

首先我們需要認識一下人類的骨頭：大多數人的骨骼總數為 206 塊（大多華人和日本人由於小腳趾只有兩節，骨頭總數是 204 塊），兒童的骨骼一般是 217 塊或 218 塊，因為他們的骶骨和尾骨還沒有連在一起，成年後才會癒合成一塊。人的骨骼僅占體重的 18%，並由 650 條肌肉和 100 多個關節控制，固

定肌肉與骨骼的腱極為堅韌，6.45 平方公分就能承受 8 噸的壓
力。人骨骼的強度也非常狂，每平方公分的骨頭能承受 2,100
公斤的壓力，而堅硬的花崗岩也只能承受 1,350 公斤。在跑步
時，人的腿和腳每平方公分要承受 350 公斤的壓力，跳高時所
承受的壓力是跑步的 4 倍。當然這只是一個平均數，年輕人的
骨骼韌性比較大，而老年人骨質則比較脆，更容易骨折。

骨骼是死者身體最容易保存下來的部分（第二容易保存的
部分竟然是頭髮），如果一副完整的骨架呈現在你面前，你能看
出什麼？高矮是可以一眼看出來的，是否有明顯的畸形和損傷
也看得出來，不過，死者的骨頭雖然不是花千骨，爆發不出來
洪荒之力，但是依舊能告訴你大量的資訊。

首先，我們要判斷骨架的性別，不知道性別，其他都是亂

猜。一般而言，男性的骨骼比較粗大，表面粗糙，附著肌肉的部分比較突出，骨密質較厚；而女性骨骼比較細弱，表面光滑，附著肌肉的部分不太突出……這好像都是廢話，如果骨架屬於一個女工人，每日進行高強度工作，她的骨骼外表也不會和男性相差太大。好吧，為了更精確，還是讓我們直接看骨盆！

　　如果是活人，你若不是對方的另一半或主治醫師，隨便就看人家的骨盆，那肯定是會產生糾紛的，但是看骨架的骨盆就非常必要了。男女骨盆從胚胎期開始就有差別，在十歲之後逐漸明顯。由於女性有生育功能，所以骨盆內部的尺寸要大一點，這種差異在胎兒期就可以觀察到，性成熟後就更明顯了。女性骨盆腔是淺而寬的圓柱形，骨盆上部的入口是橫寬豎窄的橢圓形，下部的出口比較寬闊，形成一個非常明顯的大洞，可以讓胎兒頭部通過；骶骨向後傾斜，呈等邊三角形。而男性的骨盆則比較粗壯，入口呈現心形，骨盆腔高且窄，呈現漏斗形，骨盆出口狹小，附著坐骨的突起（坐骨棘）比較發達，骶骨呈等腰三角形。當然，男女骨盆還有其他細節上的差別。

　　骨盆是整個骨架中最能區分出性別的部分，如果沒有找到骨盆的話，顱骨、胸骨、鎖骨、四肢骨甚至肩胛骨都可以作為判定的依據，但是準確度都不如骨盆高。以準確度排行第二的顱骨為例，性成熟之前，男女的顱骨外形差別不大，但是青春期時就開始不同了，成年期時差別更大，可見活得久一點多麼重要，至少能幫法醫減少很多負擔。男性的顱骨較大，腦容量

較高，質地較厚，面部整體較為狹長，眉弓顯著，眼眶基本呈方形，顴骨高而粗壯，下顎關節粗大；而女性的顱骨較小，腦容量較低，質地比較薄，面部整體較為短寬，眉弓不顯著，眼眶基本呈圓形，顴骨低而纖細，下顎關節纖細。除此之外，男女顱骨還有一些參數上的細節差異，不過，誰要是依照腦容量推測出男性智力比女性高（男性腦容量平均值比女性高出 250 毫升左右），這種觀點並不能被接受。

　　當然，對骨骼的肉眼觀察並不能保證百分之百的準確，透過骨盆鑑定的準確度最高，可以達到 95%（這個數值在統計上已經可以達到顯著的狀態了，可喜可賀）；透過顱骨鑑定一般為 82%～ 89%（某些專家甚至可以達到 95% 的水準）；而透過四肢骨鑑定，只能達到 80% 的準確率。除此之外，不同人種的骨骼也有或多或少的差異，因此，這「又」是個僅供參考的結果。

　　當然，知道性別還不夠，年齡也相當重要，這就涉及骨齡鑑定的知識。要想知道一根骨頭的骨齡，找到它的骨化中心是十分重要的。人全身的骨頭想要長大，分為膜內骨化（intram-embranous ossification）和軟骨內骨化（endochondral bone formation）兩種方法，除了顱骨的增大和骨幹增粗是靠骨膜骨化而成，其餘地方的骨頭若想長大，幾乎都要靠軟骨骨化來實現。簡單來說，就是骨膜和軟骨一層一層骨化，就像樹木的年輪一樣，逐步使骨頭增大，同時骨髓腔的內部也在自我破壞，

讓骨髓腔跟著變大。長骨兩端膨大的部分稱作骨骺（epiphysis），骨骺上的軟骨稱作骺軟骨，如果骺軟骨已經完全骨化，那骨頭就無法變長，人也就不能再長高了。通常完全骨化以 18 歲為分界線，是法醫鑑定遺體骨齡的重要指標，對自己身高不太滿意的的青少年可以到醫院透過 X 光片測測骨齡。

　　在骨頭形成的時候，並不是所有地方一起骨化，而是先從一個或幾個點開始，逐步擴散到其他地方，最初發生骨化的部位就是骨化中心（ossification center），也叫做骨化點。典型的長骨（比如四肢骨）的骨化中心，在中間的骨幹和兩端的骨骺這三個地方。如果不太明白，下次吃雞腿的時候可以仔細觀察一下。骨化中心的出現和骨骺的癒合情況，會隨著年齡出現規律性的變化。比如說，手腕部的十塊細小的骨頭，從出生 3 個月後，其中兩塊（被稱為頭狀骨和鉤骨）開始出現骨化中心，一直到孩子 10 歲，十塊腕骨才會全部出現骨化中心，這就是透過兒童骨骼鑑定年齡的參考標準之一，即骨化中心的數目等於兒童年齡＋1。而鎖骨胸骨端的骨化開始於 15 ～ 17 歲，25 歲時完全癒合。骨化中心的出現和消失伴隨著整個人體的發育過程，出生時嬰兒全身有大約 450 塊骨頭，而到了成人時期就僅有 206 塊。加之每塊骨頭骨骺癒合分為未癒合、開始癒合、接近癒合、完全癒合四個階段，透過骨骺和骨化中心判斷年齡的方法簡直多到不勝枚舉。

位於上臂的肱骨也可以幫助法醫鑑定死者的年齡範圍。新生兒的肱骨已經開始出現骨化中心，隨著年齡的不同，肱骨的骨化中心會發生變化，但是特殊之處在於，30歲以前肱骨的骨髓腔在「外科頸」（就是骨棒和骨端膨大頭的交界處，很容易發生骨折的地方）以下，30歲之後會越長越高。

　　骨關節也是判斷年齡的重要標誌。20～30歲期間，人的關節骨質緻密，結構分明，沒有出現退行性變化（也就是說這個年齡層得關節老化病的人很少），30～40歲，人的關節磨損加重，人體大多數關節出現退化，40歲以後退變更加明顯，而且是不可逆的。所以各位關節還沒有退化的讀者或者關節已經開始退化的讀者，且行且珍惜吧！

　　透過測量某些骨頭長度也可以推測出人的大致年齡，以人體最長的大腿骨為標準分母（脊椎雖然長，但並不是單根的骨頭）、其他地方的骨頭為分子，不同年齡階段的人體也會呈現不同比例：如對比脛骨可以發現，出生前脛骨長度占股骨的88%，而出生後則是80%（這麼粗略的對比好像對判斷年齡沒什麼用）；而前臂內側的尺骨（ulna）和股骨的比例在出生前是82%，0～6歲是62%，6歲後是57%（作為判斷年齡的證據還是太粗糙了）。

　　結構複雜的脊椎骨不僅可以透過關節判斷年齡，也可以透過形狀、癒合情況等因素來判斷，由於涉及到很多形態學上的

專業名字，筆者就不多說了，作為一部入門級別的書，我們還是直接介紹最簡單且精確的方法！

如果死者的年齡不大，也可以透過頭骨對其進行判斷。新生兒的頭骨沒有完全骨化，頭骨上有六個囟（音ㄒㄧㄣ，fontanelle），其中最大的兩個是位於頭頂正中間的前囟門（又名靜囟）和枕部的後囟門，這些地方很軟，是嬰兒最容易受傷的部分。後囟一般在出生後 3 個月內癒合，而前囟門會一直開放到 2 歲之前。另外四個小囟分別在頂骨的四個角上，沒有那兩個明顯。人出生後的頭骨發育分為三個階段：從出生到 7 歲是最快的生長期，7 歲時頭骨的很多特徵都和成人相等；8 歲到青春期（14 ～ 16 歲）期間是相對休止期；17 歲至 23 歲是一般成長期，這段時間額面部生長相對顯著。和頭骨連接的下顎骨就只能粗略地判斷是青年、中年還是老年，人的下顎角也會隨著年齡的變化，角度逐漸變小。

不過，人的骨頭當中，要想確定最標準的年齡層，還是要請出我們最重要的骨盆！不論男性和女性，從 14 歲開始，骨盆就會發生階段性的變化，最主要的辨識特徵就是骨盆正面中間的由軟骨聯合的部位，官方通用名「恥骨聯合」（symphysis pubis）。就像透過馬的牙齒痕跡能看出馬的年齡一樣，骨盆在 14 ～ 17 歲稱為青春前期，在 17 ～ 20 歲稱為一級骨盆，此後每 3 ～ 4 年作為一個級別（35 歲後 5 年升一個級別），到 50 歲

之後達到九級骨盆。每個級別都有各自的特點，簡而言之，就是隨著年齡的增長，恥骨聯合面的骨骼形態由尖銳逐漸變得圓鈍，骨質不斷變得緻密，到了 40 歲時達到巔峰，然後骨質開始漸漸疏鬆。不過，如果這個人特別愛喝碳酸飲料或者其他易致骨質疏鬆的藥物，那就另當別論了（這是疾病種類繁多的現代人面臨的問題，古代人一般不會遇到這類問題），所以說，就醫紀錄非常重要（後文還會正式說明），病歷本千萬要保存好。

另外，還有一個略顯恐怖的的現象是，女性到了 60 歲後，骨盆的恥骨部分會變成類似焦渣狀。如果有幸見到老太太骨架的讀者朋友，請不要誤認為此人生前臀部被燒過。

最後再囉嗦一句關於恥骨聯合的小祕密，女性生產之後，恥骨聯合面會變寬，部分女性產後會恢復不良，這也是判斷死者生前是否生過孩子的重要指標。

與骨盆鑑定年齡類似的是，透過胸骨和肋骨結合部位的變化，也可以將胸骨從 19 歲到 74 歲分成六級（看來法醫專家也知道人壽命的「門檻」在哪裡），或者把肋骨從 17 歲到 76 歲分為九級，但精確度都沒有透過骨盆判斷來得好，故在此不再多做描述。簡言之一句話，看到野外有過多散落的骨骼需要研究，你又恰恰嫌重帶不走全部的話，知道拿走哪些部分最有價值就好。回顧一下：在野外碰到屍骨，應該多注意頭骨、包含牙齒的下顎骨、骨盆和四肢骨等，頭骨要盡量保證面部完整，

這樣才有利於容貌還原。每一具屍骨都應該編上一個獨有的號碼，防止將不同屍體的骨頭混在一起。骨頭內外的泥土必須刷乾淨，然後用刷子沾水貼上紙包好。如果骨頭已經粉碎，還需要一種叫固定液的東西將其固定。牙齒也要盡量放在原位，如果無法復原，就包好和所屬的屍骨放在一起。如果是近代的骨骼，處理時一定要尊重當地的風俗習慣。

當然，軟骨也可以作為判斷年齡的標準，透過觀察死者的舌骨、甲狀軟骨（thyroid cartilage）和咽喉部的環狀軟骨的骨化情況，也能判斷年齡，只不過這個標準分級的精確度恐怕要跨出 20 年左右了，你們儘管只拿這幾塊軟骨檢驗，判斷出精確年齡算我輸。

不過，骨齡會受到營養、健康狀態、地理環境、民族血統等因素的影響。比如熱帶地區的民眾一般會比寒帶地區的發育早，這不能不服，因此我們還需要和其他指標相互印證，才能提高鑑定的準確度，萬一碰見一個骨骼精奇的案例呢？

根據一塊骨頭還能推測出人體的整個身高，早在古羅馬時期，建築專家維特魯威（Vitruvius）就在自己的著作《建築十書》（*De Architectura*）中，運用建築學和幾何學知識，描述了完美的人體應該是何種比例，比如手掌的長度是身高的十分之一，兩手平舉時臂展等於身高。關於這位建築大師的史料記載不多，只知道他出身富有，精通建築、機械和市政等，還鑽研

幾何學、物理學、哲學、音樂、美術、歷史等，是舊時代均衡發展的學生榜樣，不折不扣的別人家的孩子。他曾經先後為凱撒和奧古斯都（Augustus）兩位統治者蓋樓，其水準可見一斑。西元 1487 年前後，義大利著名畫家、同時也對人體解剖非常有研究的李奧納多・達文西，根據《建築十書》中的描述繪製了一副名為〈維特魯威人〉（L'uomo Vitruviano）的鋼筆草稿，展現出了書中描寫的最完美的人體。沒錯，這幅畫就是你在電影《達文西密碼》（The Da Vinci Code）的開頭看到的死去的老者模仿的畫。但是現在看來，維特魯威人的比例還是不夠精確，而且這個草稿描述的是符合黃金分割線的完美比例，並不適用於每一個人，很多籃球運動員的臂展都比身高要大得多（姚明等人笑而不語）。

　　除了骨頭之外，指甲也能分辨出性別和年齡。這不是因為女人容易染指甲，也有玩死亡重金屬搖滾的男人會染指甲，而是因為女人的指甲一般比較短而窄，平均厚度比男性薄 0.05 ～ 0.07 毫米，表面比較光滑，顏色比較淺，指甲上的縱紋較少、較低、較為平滑，比男人的更加規則。隨著年齡的增長，指甲也會越變越厚，顏色越來越深，15 ～ 30 歲的人指甲厚度是 0.5 ～ 0.6 毫米，而 30 ～ 60 歲的人指甲平均厚度是 0.6 ～ 0.75 毫米，60 歲以上將達到 0.7 ～ 0.8 毫米。年齡越大，指甲表面也會越粗糙，或許可以透過這些細節來判斷一個化了濃妝的女

士到底是不是真的年輕。不同年齡層的人，指甲裡的微量元素也有區別，而且在成年後還能透過這些微量元素判斷一個人的生活習慣。比如說愛喝酒的人指甲當中鋅元素會比較多，冶煉工人銅、鐵、鉛含量比較高，砷中毒的人也會在指甲當中發現較高含量的砷元素。有專家還提出根據指甲裡的同位素（isotope）來分析調查者所處的地理位置。

此時，一些朋友們可能就坐不住了，人體中還有一部分算是骨頭的組織是暴露在人體外部的，那就是人的牙齒。如果屍體爛得不是那麼「露骨」，而當時又不太方便解剖和照各種透視，能不能透過牙齒來判斷年齡呢？人類胚胎發育到第 7 週時，牙胚就形成了，其上有琺瑯器官（enamel organ）、齒乳突（dental papilla）和齒濾泡（dental follicle）等，其中琺瑯器官將發育成琺瑯質，齒乳突將發育成為牙本質（dentin）和牙髓，齒濾泡將發育成為牙骨質（cementum）和牙周組織。胚胎長到第 2 個月時，就已經長出 20 個乳牙琺瑯器官，胚胎發育第 3 個月至出生後第 10 個月，又會陸續長出 28 個恆牙琺瑯器官，其中，第三恆牙第一大臼齒琺瑯器官發育最晚，大約在出生後第 5 年才出現。

在尚未長牙的階段，某些新生兒在出生 4～6 週後，上牙齦會出現一些類似牙齒的黃色小結節，俗稱「馬牙子」，醫學上成為上皮珠（epithelial pearl），過一段時間會自動脫落。

雖然這些馬牙子是上皮細胞角質的結果，並不是牙齒，但是可以作為年齡的標誌之一。再大一點的小朋友可以根據牙齒的萌生情況來判斷年齡，而成年人的牙齒根據不同的磨損程度，可以劃分為十個等級 —— 其中一級的牙齒沒有肉眼可見的損耗，而十級牙齒損耗得最厲害，都能看見牙髓腔（pulp cavity）了（想像一下某些喪屍片吧）。人的牙齒有 28 顆（部分人還有 1 ～ 4 顆智齒），其中一些牙齒的磨損程度和年齡有著複雜的函數對應關係，想知道有多複雜嗎？Y（年齡）對應 X（4 顆牙齒的磨損程度），怕不怕？想燒腦的朋友請看：$y = 9.14 + 1.49x_1 + 2.31x_2 + 2.01x_3 + 0.90x_4$（這 4 個 x 分別代表上左 1、2 和上右 1、2 四顆臼齒）。這只是用其中 4 顆牙計算年齡的方法，人嘴裡當然不止 4 顆牙齒，像這樣的函數方程式還有很多。

　　不過話又說回來，牙齒的分級也是靠外觀上判斷的，一般的法醫可能沒有專業牙醫那樣的水準，判斷難免有誤差，怎樣才能更精確呢？這就需要微雕匠人一樣細緻的「手藝」了 —— 製作牙齒切片！大致方法是先把牙齒刷洗乾淨，用卡尺（calipers）測出牙齒的接觸區域面積，然後用特殊的金剛砂片圓鋸在牙齒上切下一 2 毫米的薄片，橫向縱向都需要，然後把薄片打磨，直到磨成 0.3 毫米左右且厚度均勻的超薄片（一不小心就磨沒了對不對？），然後依次放入 85 度、95 度酒精中脫水 5 分鐘，在 100％純酒精中脫水 3 分鐘（手工藝節目好像一下子變成美食節目了），用濾紙吸乾水分，再放入一種名叫二甲苯的

溶液中使其變得更透明，用三秒膠黏在玻璃片上（沒惡搞！是真的），蓋上蓋玻片，就可以在顯微鏡下觀察了。鑑定專家會選擇 5 個特殊點來計算牙骨質的平均厚度，最後透過複雜的指標來鑑定出磨損的等級。值得注意的是，透過牙齒鑑定早死的人的年齡更加有效，因為年輕人的牙齒組織每天可以生長 1 微米，透過牙齒上年輪一樣的小細紋能夠推測出實際年齡，誤差甚至可以控制在 20 天左右。

剛才提到的複雜計算公式也只是參考，我們還要對比該人的生活習慣，或者地區、民族大數據的整體平均數，比如愛吃醋的人牙琺瑯質損耗程度一定較高，喜歡嚼樹枝清潔牙齒的阿拉伯人的磨損程度一定也和其他民族不同，若是再碰到一個生前特別愛吃鐵蠶豆的……那就只能再結合其他指標了。東南亞某些民族會用銼刀把牙齒表面磨平，太平洋一些島嶼上的土著還有拔牙的習俗，這些都是需要慎重考慮的。不同人種之間的差距就更大了，蒙古人種大多是鏟形的門牙，而且體積較小，可是這種牙齒在高加索人種中就很少見；而黑種人的牙齒則有明顯的突出（連上下顎骨都非常突出）。

也有些愛養生的人，死後也會給法醫帶來不少麻煩。比如中國天津薊縣曾經發現明朝嘉靖年間去世的官員敦典的墳墓，根據墓誌銘，這位先生活了 77 歲，可是根據臼齒磨損程度算，這人 50 多歲就死了，這也是透過牙齒磨損鑑定年齡的一個「失敗」案例。

　　另外，根據切片或透視成像，觀察牙髓腔的大小，也可以判斷年齡，人隨著年齡增長，牙髓腔會不斷變小，根據這些可以估算出年齡。還有一種非常高大上的方法，透過牙齒胺基酸的變化來判斷年齡。現代的法醫經常用天門冬胺酸轉型的速率來鑑定年齡（轉型後的胺基酸主要集中在牙齒、骨密質、水晶體和腦組織中），誤差可以控制在 3 年以內。只要不暴露在較高溫度中，速率值幾乎不會隨著死亡時間的長度改變，與死亡年齡的相關性可達 97%。而且該方法應用範圍很廣，可以用於乳齒和恆齒，測量老年死者的效果更好。

　　牙齒表面的琺瑯質是人體最硬的部分，硬度在自然界中僅次於鑽石，可以抵禦大部分外來傷害，而且非常耐熱。這麼說來，牙齒應該還有更重要的作用。

神奇的舍利子

　　大約 2,500 年前，尼泊爾著名哲學家、人文導師、意見領袖、公共知識分子「釋迦摩尼」喬達摩‧悉達多圓寂（就是去世了），按照印度地區的傳統（推測是雨林地區過於溼熱，土葬不利於環保，也容易傳播細菌），對其遺體進行了火化。遺體燒完之後，弟子們從他的骨灰中扒拉出來了尚能辨認的頭頂骨、手指骨、牙齒和 84,000 顆彩色的骨質珠子。大家興高采烈地將這些遺骨和質地不詳的珠子分了，並當作聖物，用一生一世供養

它們。從此以後，很多高僧也都在火化後出現舍利子。舍利子有紅、綠、黃、黑、白等多種顏色，專家們至今也很難判斷這些東西是如何形成的（因為結石患者並不能燒出舍利子來）。不過這些都不重要，在營造了一個神祕的氣氛之後，我們只從佛牙舍利入手，來看看牙齒有什麼神奇的功能。

歷史上記錄的舍利子實在是太多了。

所以也分不清這個是不是真的了。

牙齒表面的琺瑯質又叫牙琺瑯質，是牙齒周圍的白色半透明組織，前文曾經提到過此物非常神奇，在自然界硬度排名第二的物質，僅次於金剛石，可是它在很多地方又比金剛石強。金剛石是純碳的晶體，也就是我們結婚的時候戒指上鑲嵌的鑽石，雖然硬度沒得說，卻並不耐熱，在空氣中燒烤會直接變成二氧化碳氣體，甚至用放大鏡聚光都能讓它灰飛煙滅。而牙齒表面的琺瑯質，主要由4%的「有機物加水」和96%的無機鹽組成，這些無機鹽主要由含有鈣和磷的磷灰石構成，比鑽石耐

熱得多，咳咳，這麼說或許無法顯示它的厲害之處，其實它不僅比鑽石耐熱，其熔點 $\geq 1,600℃$（木炭的最高溫度只有 $1,200℃$ 左右），遠超於鋼鐵，而且在接近熔點溫度的時候，它的細微結構也不會發生物理或者化學變化。即便埋到潮溼的土裡上千年，牙齒也很難被腐蝕。如此說來，釋迦摩尼的骨灰中只有四顆牙齒就很值得商榷了（《長阿含經》中記載佛陀有異相，嘴裡四十顆牙，「方整齊平」、「齒密無間」、「齒白鮮明」），要麼是他老年時脫落了大部分牙齒（法相莊嚴的佛祖變成了只有四顆牙的兔巴哥？全世界的三寶弟子及《西遊記》讀者可不能接受），要麼是古人生理學知識太差，把牙齒和其他骨骼混在了一起，或者圍觀者中有人會變近景魔術，偷偷藏起了一些。這可不是筆者人身攻擊，因為歷史上出現過的所謂佛牙也不止四顆，經常造成轟動性事件，不過現代學術界只承認兩顆是真的。

　　牙齒作為人體最硬的部分，不僅平時暴露在外天天可以看到，而且還非常利於保存，除了化學腐蝕和強力撞擊之外，生活事件中好像沒有什麼有效的方法能損毀它們。既然牙齒們如此「天生麗質」，它的物理特性讓它成為人體中特殊的存在，那它還有更特殊的功能嗎？當然，它還是人體的「天然身分證」。

　　人身上有很多天然的身分證，即全世界每個人有不同的標記，包括：指紋、唇紋、齒痕、虹膜、血管紋路、聲波紋路和DNA 編碼等，每個人都是獨一無二的（英國科學家高爾頓曾說

指紋是 640 億人中才有一對相同的,目前看來,這兩個人不可能同時代地生存在地球上,按照相對高的出生率計算,地球上古往今來也只有大約 1,167 億人,不到 640 億的兩倍)。牙齒由於搭乘了骨頭的順風車,有幸成為身分標識中第一個在本書登場重要角色。

我們假設把牙齒暴露在外的部分粗略地當成長方體,每顆牙齒有五個可見的面在外面,一個人有 28 顆到 32 顆牙齒,每顆牙齒的大小、角度、排列間隙也略有不同,加上不同人有不同的牙齒磨損缺口等,所以齒痕也會成為指紋一樣精確的身分證明。雖然牙齒並不能像指紋一樣終身不變,但可以根據其磨損情況推演,目前的法醫技術已經掌握了透過單顆牙齒判斷身分的技術。

在空難、火災、爆炸現場和碎屍案中,容貌、血液、毛髮、骨骼特徵、皮膚特徵等都用不上時,牙齒鑑定甚至成為了鑑定屍體身分的唯一有效辦法。在 2003 年 8 月,巴西北部馬拉尼昂州阿爾坎塔拉發射場發生了一起火箭爆炸事故,當場死了 21 人,法醫就是靠對比牙齒來確認死者身分。所以,「在柴火堆上被火化的釋迦牟尼」留下的佛牙舍利,是完全可以作為法醫證據的,如果你能找到佛祖生前吃過的蘋果核、半塊餅、口香糖之類的,就可以鑑定某某寺廟的佛牙是不是真的,有豪情壯志的朋友們可以聯絡相關寺廟進行科學研究了。

用牙齒作為身分證物的歷史由來已久。早在西元前 2500 年的古埃及第四王朝，就有用牙齒判斷身分的記載，中國古代的醫學名著《黃帝內經》和第一本法醫學專著《洗冤集錄》也有相關記載。而第一次明確的法醫牙齒檢驗發生在美國，當時正值 1775 年，中國這邊是乾隆四十一年的盛世光景，太平洋的另一端卻爆發了反壓迫的美國獨立戰爭。波士頓的碉堡山發生了殖民地民兵與英國殖民者的第一次大規模武裝衝突，北美獨立軍的將軍約瑟・瓦倫（Joseph Warren）戰死。一個名叫保羅・里維爾（Paul Revere）的牙醫為了尋找瓦倫將軍的遺體，機智地找到了兩年前的牙醫紀錄，得知該將軍是一位用白銀和象牙做假牙的土豪，成功地在幾百具屍體中找到了瓦倫的遺體。

　　而更著名的案例是發生在冷戰時期。自從希特勒死後，由於屍體燒焦無法辨認，美蘇兩國在明爭暗鬥的同時還在擔心這個大魔頭是否還僥倖存活於世，直到 1972 年，挪威法醫學家索格內斯（Reidar Sognnaes）對蘇軍公布的解剖資料進行研究，對比照片和希特勒生前的牙科病例，發現假牙、牙冠、填充物等特徵完全相同，從而確定希特勒已經身亡；他還透過另一具屍體的黃金牙橋（dental bridge）確定了其身分為希特勒的愛人伊娃。這一壯舉簡直是給了全世界牙醫一劑強心針。在科技發達的今天，用牙齒來堅定死者身分已經應用得非常廣泛，甚至在大型災難中，一半以上的死者身分識別都是透過牙齒來作證。

　　當今科技越來越發達，法醫對牙齒的研究也結合了生化技

術、透視拍攝、電腦圖像分析等，讓牙齒鑑定達到了完善的系統化、規範化和定量化，甚至還出現了一門專業 ——「法醫口腔學」。現在世界上已經有 40 多個國家建立了專業的法醫口腔學學術機構。在美國的某些州，甚至還要求所有的驗屍官都要提供死者的牙齒資料，並且規定司法部門有權索取失蹤超過 30 天的人的牙醫檔案。這還不夠，美國國會還要求把全國失蹤兒童和青少年的牙齒資料輸入電腦，建立了相關的全國聯網系統，把全部資料都匯總到聯邦調查局的全國犯罪資訊中心（National Crime Information Center, NCIC）。現在我們可能明白，為什麼美國的失蹤兒童90%以上都能找回，科技的力量不容忽視。

　　由於牙齒結構複雜，全世界有 200 多種不同的牙齒圖表製作方法，由於美國很有影響力，所以把他們的方法稱為通用方法。美國人把成年人的 32 顆牙齒中的每一顆標上一個數字，上排牙右邊數第三位的臼齒標成（1），依次環繞整個口腔直到下排牙的臼齒被標為（32）。每個人都可以繪製出獨一無二的描述曲線。1986 年，美國牙齒科學協會甚至編制了一項程式，依靠大頭針大小的微型磁片，放在臼齒上記錄 12 位數的編碼顯示出詳細的個人特徵，然後透過電腦進行比對辨識。美國公民在很年輕的時候就會對牙齒進行編碼，以備今後用於相關鑑定。根據目前的科學水準，甚至可以透過牙齒的咬痕來鑑定出人的身分。在土耳其就曾經發生過一件依靠一排牙印找到失蹤三年的嬰兒骸骨的故事。所以，愛抽菸咬菸頭或者嚼口香糖又不注重

地面衛生的犯罪分子非常容易被捕，愛咬人的暴力分子也容易
落入法網。牙齒鑑定身分不光是對人類有效，中國確定野生大
熊貓數量時，也是靠齒痕來判定是否屬於不同的大熊貓，這被
專家們稱為「咬節法」。至於從哪裡找到大熊貓的齒痕嘛……其
實是從大熊貓糞便裡頭的碎竹子上找到的，據專家透露，熊貓
糞便一點都不臭，全是「竹子的清香」。

另外，牙齒還有個更重要的功能，就是攜帶 DNA，牙齒
本身雖然主要由無機物構成，但是牙髓中卻可以提取出完整的
DNA。在美國的「911」恐怖襲擊發生後，世貿大樓的鋼架都已
經融化坍塌了，可是受害者們的牙齒還是保留下來。法醫們透
過從牙髓中提取 DNA 樣本，為鑑別死者身分做了很大的貢獻。

一滴血也能識別身分 ── 人體的其他天然身分證

之前我們花了很長時間講述關於牙齒的事情，但是有些讀者已經發來文字質疑：牙齒是可以整型的，如果一個人的牙齒做過一些小手術，而且是透過密醫之手（並沒有任何牙醫檔案）進行了一個非常精確的手術，那還能透過牙印斷定他嗎？別擔心，牙齒判定不了的，還有其他方法可以判定，而且非常難以整型。

大家最熟悉的手指和腳趾的紋路就不用提了，我們先看看最難整型的眼睛。透過眼球的血管紋路來識別身分是一項相當高級且新穎的技術。雖然早在清末的 1885 年，這一年法國人在廣西被清軍揍了個痛快（中法戰爭），可是法國國內卻仍不忘發展學術 ── 巴黎的監獄就有人透過腳丫長度、耳朵大小、虹膜特徵來辨識犯人。直到 1991 年左右，美國學者約翰森在洛斯阿拉莫斯國家實驗室（Los Alamos National Laboratory, LANL）首次造出了一個真正可以自動辨識人體虹膜的系統。隔年的 1992 年，美利堅再接再厲，又出現了根據眼底血管紋路來確定身分的技術。而亞洲人也沒落後多少，1997 年中國就有人申請了虹膜辨識的專利。

虹膜俗稱「黑眼珠」（放眼全世界，或許還有藍眼珠、綠眼珠、褐眼珠、灰眼珠的說法），是眼球前部一層圓盤狀的薄膜，中央部分是瞳孔。早在胚胎的第 7 個月，人眼睛的虹膜就已經

形成。在出生 6 ～ 18 個月定型，從此終身不變，身體其他部位的大多數疾病也不會對其產生影響。由於胚胎發育和母親子宮環境的影響，虹膜具有獨一無二的特性，甚至連同卵雙胞胎的虹膜都不會一樣。由於眼睛的結構很特殊，虹膜還可以高度防偽，因此比其他生物體特徵辨識技術的正確率要高出很多。透過紅外線對虹膜的特徵進行統計後發現，60%的人左右虹膜是相同的，40%的人是不同的；兩個人有一隻眼睛相同的機率是一千萬分之一，而兩隻眼睛相同的機率是一千億分之一，秒殺了指紋的正確率啊對不對？這還不是最狂的，虹膜具有生物活性，瞳孔會隨著光線的強弱調節大小，每秒中有十餘次的無意識縮放，在人腦死亡、重度昏迷或者眼球脫離人體的時候，虹膜會擴散為另一種狀態。所以想用死去的虹膜或者照片造假來誆騙虹膜辨識機的，通通行不通，故虹膜常常被稱為人體的最佳防偽標識。

　　還有些人的虹膜擁有更明顯的不同，如虹膜異色症（heterochromia iridum，又稱異色瞳），兩眼的顏色像波斯貓一樣不同，或者同一隻眼睛的虹膜上同時出現好幾種顏色。這種沒什麼影響的「疾病」一般來自體染色體的顯性遺傳，發病機率只有百分之一，大多集中在白種人當中（以及很多日本動漫角色當中），病因是由於虹膜中色素分布不均勻。歷史上有一些名人也有這種奇特外貌，如東羅馬皇帝阿納斯塔修斯一世，只不

過他那雙一黑一藍的眼睛並沒有為他帶來什麼超能力。還有一種虹膜畸形被稱為「重瞳」，即虹膜上有兩個瞳孔，現代醫學有觀點認為可能是白內障的前兆。中國古代認為重瞳的人是很了不起的，史書上記載有重瞳的人有：造字的倉頡、上古賢王大舜、晉文公重耳、西楚霸王項羽、後涼國王呂光、北齊皇帝高洋、隋朝名將魚俱羅、南唐後主李煜（李大詞人是一隻眼睛有重瞳）。

再回到虹膜辨識的話題上，一種常見的辨識方法是：虹膜像分披薩一樣被分成八個相等的區域，由電腦分別計算特徵。虹膜上還有瞳孔周圍的虹膜小環和虹膜根部的虹膜大環，以及許多凹凸不平的收縮紋，粗細不一的動靜脈血管等特徵可以作為辨識標誌。除此之外，還有微積分計算法、橢圓定位法等，其中涉及了很多數學演算法。如今，很多國家已經掌握了透過紅外線掃描，在幾秒鐘內辨識虹膜的技術，即使戴著墨鏡看儀器，也能把你認出來。在阿富汗，聯合國還用虹膜辨識技術對難民進行鑑定。當然，如此高大上的鑑定方法也不是沒有缺陷：機器有時候會出毛病，鑑定時保持良好的光源也很必要。

在遭受外傷或者虹膜病變時，虹膜可能出現萎縮、血管位移、血管新生或整個虹膜部分脫落的現象，甚至顱腦外傷和腦供血不足等，也會導致虹膜上方部分缺損。這時候我們的鑑定就會遇到一些麻煩了。別擔心，人體還有大把的線索可以使用。比如唇紋，即嘴唇紅色的褶皺部分，一生幾乎不變。在

1960 年代舉行的哥本哈根國際法學大會上，有巴西學者正式提出了要將唇紋用在識別個人身分上。日本專家鈴木和男對幾百名年齡在 6 ～ 57 歲的日本人的嘴唇研究後指出，同卵雙胞胎的唇紋也是不一樣的。唇紋和指紋一樣，具有獨一性，還有一定的遺傳性。有學者根據唇紋特徵清晰的程度和部位將唇紋分為主紋、副紋和臨時紋三種類型，認為前兩種具有人體辨識的意義；也有學者根據形態學特點，將唇紋分為直線型、分叉型、交叉型、網狀型、水平短線型等。在美國加州就曾經發生過一起婦女在郊外被強姦的事件，這名女士在掙扎時，將唇紋留在了汽車內，因此成了破案的關鍵。其他時候，比如用杯子喝水，也是非常容易在杯子邊緣形成唇紋的。不過杯子經常被擦洗，想要研究唇紋的學者恐怕難以取樣。相比於指紋和虹膜，對唇紋深入研究的案例沒有那麼多。有興趣研究的讀者可以選擇去王爾德的墓碑上取樣：自從 1909 年美男作家奧斯卡·王爾德（Oscar Wilde）的棺材被遷葬於巴黎最大的拉雪茲神父公墓（Père Lachaise Cemetery）後，女粉絲們就不顧細菌前仆後繼地來這裡獻吻，一百多年來墓碑上布滿了來自世界各地的口紅印，以至於成為了世界上女性唇印最多的地方，甚至導致唇彩中的油脂腐蝕墓碑的石料。另外，這位王爾德先生還是一位公開出櫃的同志，這讓很多單身直男覺得情何以堪。目前，墓碑已經被清洗並套上了玻璃罩子，不過，印在玻璃上的唇印不是更好採樣嗎？

還有一些工作需要一些技術人員共同來完成，例如聲音的鑑定。聲音也是每個人獨一無二的記號。人的發音器官分為聲門上系統、喉系統、聲門下系統，每個人發聲器官的形態、構造都不同，每次發音也都需要眾多發音器官相互配合、共同運動。這些運動決定了語音的物理屬性（也稱語音四要素）：音質、音長（快慢）、音強（響度）、音高（粗細）。這些不同的物理指標可以繪製出不同的圖形。一個人過了變聲期之後，發聲器官結構基本固定，其聲波紋路終身不變。由於每個人的發音器官都有細微的差異，加上後天語言環境不同，導致聲紋和指紋一樣，每個人都是獨一無二的，即使是在相同環境中長大的同卵雙胞胎，誰也分辨不出他們兩個的聲音，其聲紋圖像也是有差別的。

聲紋鑑定相比於指紋、齒痕等傳統的辨識方式，簡直算是來自《變形金剛》的賽博坦星球的黑科技，它伴隨著現代語音學理論和電聲技術的發展而出現。在 1941 年到 1944 年期間，美國的貝爾實驗室（就是我們之前提到過的發明電話的科學家的實驗室）有一名和巫師同姓的波特（Ralph K. Potter）為了讓失聰者能夠透過看圖來辨識聲音，研究出了一個被稱為「聲譜儀」的高科技產品，實現了語音的圖形化顯示。這可是語音學上里程碑式的發明。到了 1950 ～ 1960 年代，美國的電話行業已經相當發達，滿足了美國人民溝通方面的需求。可這時候犯罪分子也沒有閒著，他們開始利用電話詐騙、恐嚇、誹謗、敲砸勒索、誣告陷害、打騷擾報警電話等，「電話犯罪」一下子成為一種像約瑟翰‧龐麥郎〈我的滑板鞋〉一樣「時尚時尚最時尚」的犯罪途徑，並一直活躍到今天。不同於其他大部分案件可以收集大量的線索，電話犯罪留下的唯一線索就是錄音，為了維護法治社會的正義，美國加速了聲紋鑑定的研究，終於在 1962 年得出結論：人類的聲紋沒有相同的，聲紋鑑定的準確率高達 99.65％！因此，美國司法部正式宣布，聲紋鑑定可以作為法庭證據。大洋彼岸的日本也馬上用到了這門技術。在 1963 年，日本發生了轟動一時的「吉展誘拐殺人事件」，一時間成為全社會關注的焦點。該案件的唯一線索是綁匪的電話錄音，日本警視廳委託美國聯邦調查局進行聲音鑑定，在名偵探平塚八

兵衛的努力下，終於在兩年三個月後逮捕了嫌疑人鐘錶商人小原保。但是此次鑑定並未在法庭上成為證據，而是靠外號「喧嘩鬼」的平塚八兵衛突破心理防線的審訊讓小原保認罪的。該案件在日本影響非常大，直到 40 多年後的 2009 年，朝日電視臺還播出了根據此事改編的日劇《一代刑警平塚八兵衛之昭和事件》。直到 1980 年，東京高等裁判所才明文規定：聲紋鑑定可以作為法庭證據。此後，一貫愛鑽研的日本人建立了日語聲紋辨識方法，還重點研究了聲紋的長期變化、雙胞胎聲紋、高音調的女性聲紋、偽裝過的聲音聲紋等。

聲音鑑定首次應用於重大國際案件是在 1983 年，當時菲律賓前反對黨領袖小班尼格諾・艾奎諾（Benigno Aquino Jr.）回國時，在馬尼拉國際機場被槍殺，一名穿運貨員制服的人被當作嫌疑人當場打死。可是當時恰好有一名日本記者錄下了現場的錄音，經過日本音響研究所所長鈴木松美使用他為警方研製的電腦聲紋鑑定系統這麼一分析，發現了艾奎諾身邊的軍官在他被殺之前說了關於刺殺艾奎諾的話，因此成為案件的關鍵性證據，真正的凶手 —— 警備隊的幾名軍人被抓獲。

人的聲紋有大大小小 80 多個特徵可以用來進行比對，比如方言、語音速度、說話習慣、鼻音輕重、變音、變調、節奏、清晰度、流暢度、口頭語、贅語、虛詞、言語缺陷（口吃、歪嘴、大舌頭等）。同一個人說同一句話，聲譜儀記錄下來的聲紋

圖像永遠相同；不同的人說相同一句話，聲紋線則因人而異。由於聲紋是言語的多種特性的圖譜，所以一般聲紋鑑定至少需要比對八種圖譜，如波形圖、二維聲譜、三維聲譜、振幅曲線等，透過很多複雜的變數（如共振參數、振幅曲線參數、基頻曲線參數等）來完成聲音的對比。說了這麼多，是不是感覺像在看天書一樣？我們光用看的都這麼費力，更別說實際操作的這些鑑定人員了，真正的聲音鑑別是一項非常費時費力的工作，這是制約聲紋鑑定事業發展的主要因素。

我們再回到辨識聲音模仿犯罪的破解方法：在聲紋鑑定中當然會遇到很多干擾因素，如背景雜音干擾、傳輸通道變化、疾病、醉酒、心理緊張、情緒變化、偽裝聲線等，使得同一人的語音在不同情況下存在差異，但就算你再厲害，你也不是橡皮泥捏的，發音器官構造是改不掉的，因此上述這些聲音差異在鑑定上稱之為「非本質差異」。因此，有時聲紋的鑑定需要專家人工鑑別，有經驗的專家可以區分這些非本質差異。那麼，如果我有柯南的蝴蝶結變聲器，把聲音調整成其他人的，有沒有辦法被辨識呢？其實變聲器主要改變的是音調（即聲音粗細），並無法改變聲音的其他指標，其他工具如對講機、電話、麥克風等，之所以讓聲音聽起來失真，主要也是改變了音訊的聲調，聲音有那麼多指標，並不會影響鑑定。

進入 21 世紀了，基因鑑定在法醫工作中發揮了越來越重要的作用。

　　基因是控制生物性狀的基本遺傳單位，分布在 DNA 或 RNA 上（平均每個 DNA 大分子上大約有一千個基因），而 DNA 是染色體的主要組成部分。人的染色體有 46 條，平時都窩在小小的細胞核裡頭，這下你們能想到這個概念有多個體化了吧？

　　早在西元 1860 年代，奧地利的孟德爾（Mendel）神父就提出了遺傳因數的概念。這位不務正業的修道院長透過種植豌豆、玉米、紫羅蘭等，發現了著名的孟德爾遺傳定律，後人將其稱之為「遺傳學之父」。以他的研究作為基礎，後來的科學家們突飛猛進，更加深入地了解了基因的奧祕。在 1950 年代，來自英國的克里克（Francis Crick）和來自美國的沃森（James Watson）共同發現了 DNA 的雙螺旋結構，讓人們開始真正從分子生物學角度來認識基因：原來每個基因上都有成百上千個鹼基對編碼，除了同卵的雙胞胎（還有三胞胎、四胞胎）外，這些編碼每個人都不同。不過即使剛出生的時候基因編碼相同，在今後的發育中也會產生不穩定的突變，導致雙胞胎會在某些方面出現差異。由於人全部的鹼基對有 60 億對，雖然人類的大部分 DNA 是相同的，但仍然不影響 DNA 的高度複雜性，可以做到真正和 70 億人區分開來。

　　1985 年，英國遺傳學家亞歷克・傑弗里斯（Alec Jeffreys）建立了 DNA 辨識技術，並應用於一起涉及移民的親子鑑定，從此開闢了法醫科學中的新天地。如今，法醫基因鑑定已經成為一種集合遺傳學、生物化學、分子生物學和電腦學等多門學科的交叉和綜合應用。DNA 鑑定讓一切生物物證都能成為法醫鑑定的證據，任何現場遺留的血跡、精斑、尿液、唾液、指甲、毛髮、汗液等都能成為決定性的證據。有些紅色染料與血液也非常相似，要確定是不是血液，就需要用到一種叫魯米諾試劑的化學藥品了。該試劑又稱為發光胺，即使是擦拭過的或者很久以前的血跡，遇到它也會發出螢光。不過後來法醫們漸漸發現，這種試劑只能用來找到血，不能用來確定血液，因為它遇到排泄物、銅、某些漂白劑甚至辣根的時候，都會發光（要是在廁所、漂白劑工廠或者某些餐廳發生案件，就會出現很多麻煩），所以要明確鑑定是否是血液，還需要在後期透過顯微鏡觀察血球。

　　相比於其他鑑定，基因鑑定的優勢非常明顯，首先是證據中的資訊量極大，DNA 的取材廣泛，任何一個細胞都可以拿來檢測，同一個生命體的任何部位的細胞都攜帶著相同的基因，而且有些樣本的穩定性極高，保存十幾年的血痕、精斑都可以進行 DNA 分析。現代基因檢測技術都結合了電腦技術，讓這項「黑科技」變得更加快捷、自動化、高敏度，僅奈克（0.001 微克）級別的材料都可以拿來檢驗。檢驗完之後還可以隨時存入

資料庫進行對比，透過網路檢索破案，讓人不由得感嘆：現在犯罪越來越難了啊！

提起基因鑑定，大家首先就會想到親子鑑定了（通常是拐賣兒童、強姦受孕、離婚、移民、尋親、繼承權等相關的家庭倫理問題。其實法醫鑑定的功能遠遠不止這一條：它可以用來舉證凶殺、械鬥、性犯罪等；可以用來檢驗犯罪現場留下的毛髮、汗液、皮屑、唾液（包括口香糖、菸頭、吃剩的食物、戴過的口罩等）屬於誰；可以認定災難現場的屍體身分；甚至可以應用到涉及器官移植、醫療糾紛等案件中。在某些案件當中，還會涉及案發現場的動物、植物甚至微生物的基因鑑定。有些基因的鑑定一目了然，如 Y 染色體只能由父親傳給兒子，粒線體 DNA 只能由母親傳給孩子，粒線體是存在於細胞質當中的組織，是有氧呼吸的重要結構，其中含有少量的 DNA，不像染色體中的那樣呈現雙螺旋結構，而是單倍的環形。由於精子不含細胞質，所以一個人的粒線體 DNA 只能來自母親。另一些不那麼容易看出來的就需要具體測定了。DNA 的測定需要經過一系列的複雜過程。

常見的基因檢測法是螢光標記，要檢查 16 個基因位點，但是這項技術的儀器價格較高，檢驗成本大，而且所要求的熟練度也不是一般新手能掌握的；有些實驗室沒有這種高大上的檢驗方法，就用規格比較低的硝酸銀染色法，只檢驗 9 個、6 個甚至 3 個基因位點，其準確度就比螢光標記法低一點了。

採集 DNA 樣本也是個細緻的工作，不同的樣本要用不同的方法來處理。如果樣本是人體內的新鮮血液，就要求工作人員在保證無菌的前提下，一次性注射抽取 1～5 毫升靜脈血液，放入試管加入名為檸檬酸鈉（又名枸櫞酸鈉）的抗凝劑，充分搖勻後密封，或者將抽取的血液塗抹在無菌紗布或濾紙上，製成血痕「採樣卡」。當然，液體血對於 DNA 分析是最有力的。裝入試管之後，要在試管上標記日期、時間、地點、嫌疑人姓名、採血量、案件名稱編號、物證編號等。

如果是現場地上的血液，也是要用清潔無菌的注射器或者一次性吸管採集，至於凝固的血塊，可以用乾淨的藥匙把它採集到試管內，或者也可以用清潔的紗布吸取血液或血塊，晾乾後送往實驗室。

如果是冰雪或者水中的血液，該怎麼辦呢？發現之後就要立即提取，以免被進一步稀釋，而且盡可能選擇最濃的部分，盡快收集到合適的容器裡。

那麼如果自己的衣服上有血跡，該怎麼採集呢？首先要把衣服放在一個清潔的表面晾乾，避免陽光直射。切記不能用吹風機什麼的加快乾燥，熱風會破壞血液當中的一些成分。晾乾之後用乾淨的紙包裝起來，千萬不要抖動，以防止乾燥的血痂掉落，然後將整件衣服送往實驗室。如果血液留在物體上，小件的物體就晾乾後包好送到實驗室，大件的物體，比如數公尺高的銅像啊，一整頭乳牛啊，一堵牆啊，像這些不容易挪走

的，還是要轉移到紗布上然後放到紙袋子裡。如果這些大物體上的血都乾了，那該怎麼辦呢？首先要保護現場，對血斑的形狀做紀錄、照相、畫圖；然後用蒸餾水潤溼的紗布將血跡擦拭後轉移，或者直接用清潔的紙片將其刮下來，如果這些都不好做到，也可以用高黏度膠帶將每個血斑都黏下來，或者用小吸管吸取少量蒸餾水放在血斑上反覆吸水放水多次，將血洗下來。

如果血跡處於可切割的物體表面，比如地毯、窗簾、床單、沙發套上面，就可以在拍照記錄後，用乾淨的刃具將帶有血跡的部分切割下來，對每一塊切下來的部分都應該分別包裝好並標記。

如果血點像芝麻一樣非常小，很難從物體表面採集，就可以在記錄後，用膠帶或者溼潤的消毒棉紗線慢慢提取，就像某些女性除臉上的汗毛一樣，一定要注意避免周圍區域的汙染。

如果血跡在汽車上，則一定要在採集的同時確定汽車外表面有無毛髮、組織及其他痕跡物證，並且記錄所有的發現，最後用溼潤的紗布採取血斑。

還有一種最恐怖的情況，就是屍體上帶血，你為了確定這些血液是不是死者本人的，還必須採集化驗，這時候呢，依舊是需要記錄血斑的位置、大小、形狀、數量和類型，並在屍體移走之前將其提取。這個過程要用溼潤的紗布輕輕擦拭，盡量不要取下屍體本身的皮膚細胞。有時候會遇到指甲縫裡有血斑的情況，這時候就要用牙籤把血斑輕輕刮下來，並把指甲也剪

下來，指甲和牙籤要分開包裝化驗。

　　血液的化驗就涉及很多複雜的化學藥品了，經過一系列複雜的混合、離心、溶解、沉澱，最終得到 DNA 溶液。如果是乾涸的血斑，則要用一種叫做 TNE 的溶液（全名三羥甲基胺基甲烷氯化鈉 EDTA 緩衝劑）來把剪碎的血斑溶解，再進一步提取。

　　有人或許又會問了，基因不是會突變嗎？即便是雙胞胎，也有可能這邊多個斑，那邊多個痣，這些都是成長過程中的小突變啊！其實，這些突變真的是很小很小的突變，有些只會改變幾個鹼基對的順序，只有特殊辨識位置的突變才有可能造成重大影響，可是普通的突變只會改變兩三個基因的位置，其他還有那麼多辨識位置可以參考呢！這種突變在生物學上有研究價值，在法醫學上「應用價值有限」。

　　很多性侵導致懷孕的案件會需要鑑定胎兒的 DNA。至於和胚胎基因進行對照的樣本，除了要採集受害人和嫌疑人的血液，還應該盡量多採取嫌疑人父母、兒子的血液，如果條件不具備，也可以採取其同胞兄弟的血液，這樣準確度才會高一點。

　　另外，涉及到親子鑑定的時候，不一定非要取胎兒的細胞，取羊水就可以了。羊水是懷孕時子宮羊膜腔內的水分，因為最早發現在羊身上，所以取了這個名字（我們要慶幸早期科學家們沒有拿豬狗做實驗）。羊水是維持胎兒生命的重要物質，在懷孕頭三個月，羊水主要來自胚胎的血漿，之後隨著胚

胎不斷成熟，還會混入各種胚胎的尿液、消化系統和呼吸系統的分泌液等 —— 這樣說來，我們每個人都是喝過自己的尿的，真是一個細思極恐的事實。羊水的容量通常是隨著懷孕時長變化的，剛開始是越來越多，36 週後又逐漸減少，整體範圍處於 300 到 2,000 毫升之間。其成分有 98% 都是水，其他還有無機鹽、激素和胎兒脫落的細胞，所以完全可以用來鑑定胎兒的 DNA。採取羊水一般是透過小腹穿刺完成的，這就難免會沾染母體的 DNA，所以鑑定的時候還要排除母體的這部分。羊水標本中的細胞很少，通常需要經過培養，保證胎兒的細胞數量在 108 以上，才能進行鑑定。羊水標本一般要進行兩次獨立檢測，結果一致才會公開。如果胎兒已經生下來，通常會用臍帶血作為檢驗的樣本。

這些聽起來是不是很麻煩？沒錯，基因檢測是一項細緻的工作，雖然有電腦幫忙，但少則也要 6 個小時；如果只有骨頭的話，可能需要一個星期才能得出結果。但是，為了偵破疑難案件，為了保護社會不再被破壞，為了維護世界和平，為了抓住那些不可愛又沒有魅力的反派角色，多在實驗室待一個禮拜也值得了！

犯罪現場調查中

　　血跡之類的東西是非常明顯的，可是很多犯罪現場是沒有血跡的，這時候就需要檢驗其他可能攜帶 DNA 的線索了，包括精液、唾液、汗液、皮屑、毛髮等。

　　很多案件會用到精液作為物證。當在現場發現精液的時候，需要用類似採集血跡的方法，用吸管或者注射器將其轉移到無菌的試管當中，或者用乾淨的紗布、棉球進行吸附，然後晾乾、包好、貼上標記。如果是在褲子、衣服、面紙、床單、手帕等東西上發現精液，則一定要等它晾乾，然後將所有帶痕跡的物證分開包裝。如果精液分布在可切割的大物體上，那就別猶豫，還是切下來帶走。如果是不可移動的不吸水的表面（如地板、牆面、瓦斯爐），那麼在收集之前一定要做好採證紀錄。然後你可以用解剖刀把精斑刮下來用乾淨的紙片包好（沒想到解剖刀還有這種功能吧），或者用膠帶黏下來、用棉球擦下來，就看哪個你用起來最順手了。有些犯罪還要從受害者身上提取液體作為物證，這時候法醫好像就化身為保健室的醫生，在心態非常正直的前提下，在醫院或者門診室對受害者進行採集工作（保護受害者的隱私），用無菌紗布或者棉球在受害的位置（嘴、生殖器官或排遺器官）擦拭採集。這裡需要注意的是，擦拭物不宜過大，以防精液不集中影響檢驗，最後照例是要晾乾（斗膽猜測，這些步驟的發明者一定是個酷愛風乾肉的人）。

用精液進行檢驗的方法基本和血液差不多，但是需要先取 0.5 毫升放入試管，加入生理食鹽水，洗滌兩三次，然後放入離心機，以每分鐘 3,000 轉的速度轉 5 分鐘，就能得到一些沉澱物，加入一些特殊的提取液和酶混合均勻，然後模擬人體的 37℃ 體溫，將試管放入這個溫度的水中，保溫 3 小時，最後加入酚來進行提純，之後的步驟就和檢驗血液一樣的複雜了，這裡就不多說了。如果採集到的液體是男女兩人的混合物，則需要透過 SDS（sodium dodecyl sulfate，十二烷基硫酸鈉）等複雜的化學試劑將兩種細胞分離。人的性染色體有兩條，正常情況下，所有的女性同胞都是 XX，而所有的男性同胞都是 XY，至於其他特殊的 XXY 朋友以及其他更特殊的族群，由於人數太少先不討論。Y 染色體是區別男女基因的重要指標，不管是男女混合的唾液還是其他液體，都可以透過尋找 Y 染色體來區分。

　　如果發現血液幾乎已經被放乾的屍體，或者是單獨的器官、組織、骨骼等，這時候也需要先對所有的物證進行拍照、分開標記；每個物證都要用清潔的工具分開採集，所用的鑷子要徹底消毒清洗。如果屍體已經開始腐敗，那就要採集深層的肌肉或者肋條上的軟骨，放入乾淨的容器當中。最後，密封放冰箱，送到實驗室檢測。假如孫二娘的店被查抄了，恰巧最近生意不太好，後廚有一些陳舊的人體組織，那麼法醫在動手之前需要拍照畫圖，記錄大小、類型、形狀和其他空間關係。如

果組織仍然連在一起，不要人為把它分開，採取骨骼的時候盡量拿長骨，將來可以檢測骨髓中的 DNA。中國廣東佛山曾經發生過一件碎屍案，受害人被剁成幾百塊，而且屍體腐敗相當嚴重。法醫採取了 20 多份樣本，最後終於在米粒大小的一塊肋骨中成功提取了 DNA。

　　唾液（含有口腔上皮細胞）、尿液（可能含有脫落的腎小管死細胞）、汗液（可能含有皮屑）等液體，如果是液體樣本，就像收集血液一樣收集；如果是已經風乾，依舊用工具刮下來，而工具也要包好送去檢測。皮屑也是非常重要的證據，皮膚是人體最大的單一器官，一個人的皮膚差不多兩平方公尺，和大號雙人床的床墊差不多，人體表皮細胞的壽命只有 27 天，也就是說不到一個月，人就換上一層新皮，這個過程中會掉多少皮屑可想而知了。不過皮屑容易和其他灰塵混在一起，在採集的時候一定要非常小心。除了明顯的皮屑外，法醫通常最關心的還是死者指甲縫裡頭的皮屑。

　　毛髮也是重要的證據之一。人的毛髮作為表皮的衍生物，主要成分是角蛋白，具有耐腐蝕、不易毀壞、不易變形等特點，不同民族的人的毛髮也不盡相同。單純的毛髮是無法檢驗 DNA 的，但是有了毛囊就不一樣了，其中的人體細胞可以用來檢測。在採集時，要用乾淨的鑷子夾取，不在一起的毛髮要分開包裝，至於一定要小心不要碰壞毛髮根部的毛囊就不用我多說了。如果

毛髮和血液、精液等混合在一起，則要晾乾後再包裝送去檢查。除了檢驗基因之外，毛髮也是檢驗中毒的重要證據。

有一種叫 Chelex-100 的化學藥品經常用於提取 DNA，這個聽起來彷彿出自柯南裡黑衣組織的神奇藥品，實際上分類屬於聚苯乙烯二乙烯基苯，這東西其實是一種離子交換樹脂（這麼長的名字鬼才記得住啊）。不過，用這種化學藥品，要先在 56°C 的水中保溫半小時到一個小時，然後震盪 8 秒鐘，再放入 100°C 水中保溫 8 分鐘（這個就比較猛了），再震盪 8 秒鐘，每分鐘 10,000 轉的速度轉 3 分鐘，取上澄液（supernatant）進行檢驗。類似的方法可以用於檢測精液、唾液、髮根、羊水和其他有細胞核的組織。

在分析的時候，需要選擇某些基因作為定位指標，和嫌疑人的基因比對，如果高度符合，則說明樣本是來自嫌疑人或嫌疑人的直系親屬。

基因鑑定雖然準確度非常高，但並不是萬能的，很多時候，死者的 DNA 會受到外界環境的影響。比如火化的屍體，現在都是高效的焚化爐作業，它會把人體中的無機物全部燒光，最後剩下的骨灰就像煤渣一樣，不會保留任何基因（如果焚化爐內溫度不到 1,600°C 的話，牙齒還能保存下來用於鑑定，記不住的同學請往前翻）。另外時間也是個不可忽視的因素，像放射性元素一樣，DNA 也是有它的半衰期的，大概是 521 年，

也就是說，每過 521 年，DNA 的分子鏈就有一半會斷裂：在人去世後 521 年，完整的 DNA 分子鏈就只剩下二分之一，再過 521 年則剩下四分之一，每階段都減少一半。不過，現在的基因測定技術也是要把大分子鏈剪成幾百個鹼基對的小短鏈才能開始測定，所以這並不是多嚴重的問題，只不過難以測出100%準確的基因序列。因此理論上，透過佛牙舍利測出釋迦摩尼的基因是可行的。佛祖死於西元前 483 年，到現在為止，遺骨中完整的 DNA 存量大概有 1/27.7，這還是難不倒我們的專家的。再舉個更狂的例子，生活在數萬年前的尼安德塔人（*Homo neanderthalensis*），其骨頭還能夠用來測定基因順序。

對於除了骨頭和不易腐蝕的頭髮以外的其他組織，其腐敗程度越高，DNA 被損壞的程度就越大，化學汙染和酸鹼度也會嚴重影響基因的完整。至於普通程度的高溫，比如開水煮、油炸，只要不碳化，都可以進行鑑定，要是單獨一塊被炸爛的人體組織的話，就只能另尋他法了。

基因最大的殺手是汙染，在整個過程中，細菌、真菌、其他動植物甚至定序的工作人員的基因都有可能汙染樣本，所以測定基因的工作必須在嚴格的保護措施下進行，這工作不是你想做就能做，不夠高大上的實驗室還真的做不了。想要防止被汙染，在提取、保存、送檢過程中就要嚴加控管：禁止反覆使用同一套工具，執行嚴格的防範措施，因為檢驗材料之間交叉汙染的機率特別高。更嚴重的是如果在檢驗過程中不小心，導致送檢的樣本和

嫌疑人身上採集的樣本相互汙染，就會造成「比竇娥還冤」的冤案了。在實驗室裡也有很多汙染因素，如環境、藥品、儀器等，任何小地方都不容忽視。DNA 鑑定的誤差雖然小於千分之一，但是對於案件當事人來說，那可是百分之百啊！

另外，建立失蹤人員及其父母的 DNA 資料庫也非常重要，不僅可以認定屍體來源，也可以幫助被拐賣兒童尋找其親生父母。目前，英國、美國和日本已經建立了相當規模的基因資料庫。

早期的 DNA 鑑定只能辨認血型之類的簡單指標，只能排除，無法作證，如今的 DNA 鑑定可要準確得多，將來還有可能把每個新生兒都登記在基因庫當中，這樣就真的無限接近「天網恢恢疏而不漏」了。至於很多人擔心的隱私洩露問題，請放心，DNA 庫只能用於刑事調查，不可用於社會調查，對於基因的採樣、運輸、保管、實驗、對比、解釋等，都必須進行嚴格的管控。筆者不得不說，這替本來就神祕的基因鑑定又增加了一份神祕感。

留一手：我覺得我是個藝術家

除了之前提到的諸多方法，還有一些比較冷門的方法可以推斷身分。這些方法之所以冷門，要麼是準確率不高，要不然就是操作起來非常辛苦。比如，有一種經常被提及但是現在又不太常見的鑑定技術，稱為血紋鑑定。一個人的血液有 4 ～ 5 升，每天大約更新 40 毫升（如果你能活 70 年，就會換血 1,000 升）；紅血球的壽命是 120 天，但每個紅血球都會經過心臟在人體循環 7.5 萬圈，總行程超過 1,600 公里。這些大量的紅血球中有複雜的蛋白質分子，所帶的電荷是不一樣的，根據一種叫「電泳」（electrophoresis）的技術，可以產生一些類似水波紋的環形圖，這就是血紋。血紋相同的機率為 1/75,000，現在看來這個技術已經不那麼可靠了，以至於在網路上很難查到相關資料。

還有以下幾種知名度不高的鑑定方法。

· 血管紋路鑑定：該理論認為，人的血管紋路也是獨一無二的，透過紅外線掃描手掌，可以獲得手掌血管紋路的圖像，然後確認人的身分。不過，既然已經測了手部的指紋了，如此大費周章是為什麼呢？

· 手掌幾何學辨識：該技術透過分辨手指和手掌的物理特徵，來達到識別身分的效果，其準確度非常高 —— 好像是廢話，指紋加上另外的指標當然準確度高了 —— 因此在有些時候也是受到青睞的，尤其是某些人想表現身分地位的時

候。

· 耳朵辨識：人的耳朵看似差別不大，其實每個人的耳朵也略有差異。英國有研究人員透過將特殊的光束打在耳朵上，用電腦類比出人耳的幾何形狀。在掃描嫌疑人耳朵進行對比後，據說準確度高達 99.96%。可是耳朵的形狀太不規則了，作為一個梵古都畫不好的器官，它並不像指紋那樣一目了然，而且耳朵的外觀也會受頭髮、耳環、其他首飾等的影響。耳朵的形狀雖然幾乎終身不變，但是在骨骼停止生長之後，耳朵還會漸漸變大，所以古代人常說大耳朵長壽，其實是長壽老人耳朵大。鑑於這麼多困難，所以這項技術至今得不到推廣。

· 步態鑑定：該技術透過監視器採集人體行走時的動作，進行處理得出資料後進行比較。這項技術一般只在錄影畫面模糊的情況下使用。透過對運動圖像的序列進行分析處理（包括運動檢測、特徵提取和處理辨識三階段），從而達到身分鑑定的效果。聽起來很神奇是不是？但是實際操作時還會遇到很多問題：角度不一樣、穿的衣服不一樣、帶的東西不一樣等，拍攝的輪廓都會大相徑庭。如果幾個人都可以模仿奇行種的跑步姿勢，那要怎麼辨別呢？因此，目前這也是一種沒有辦法的辦法，而且無法作為鐵證。

· 筆跡辨識：又叫簽名辨識。雖然根據某些觀點，這種辨識

的準確度是非常高的，但是人的簽名實在是千差萬別，你寫自己名字也不敢保證每次都一樣，而且不同語言的使用者寫字習慣也不一樣。也就是說，「見字如面」是一樣據說很狂卻又沒人會的高級技術，想要大範圍應用？先讓電腦能辨識所有手寫體的字再說吧！

· 面部辨識：這項技術大家應該不陌生，很多公司都有人臉打卡系統。但是很多人也都很了解人臉打卡的缺點，換髮型、化濃妝、光線太強或太暗、臉部有傷之類的，都會影響辨識。雖然可以在某種程度上判定身分，可是能依靠路口的監視器辨識雙胞胎嗎？唉，想要做到完全精確辨識，技術部門的人還有很長的道路要走啊！

上面這麼多內容中，我們介紹了各種鑑定身分的方法，或許有很多讀者早已經按捺不住了：最最著名的指紋鑑定怎麼能被漏掉呢？我可能讀了一本假的法醫書吧！手指紋路的鑑定歷史悠久，方法五花八本，就算專門出幾本書來說明也不為過。指紋的鑑定需要有藝術家一樣的嫻熟技巧：有時像個雕刻藝術家，有時像個攝影藝術家，有時甚至像一個金屬冶煉的藝術家。由於害怕大家看了太多與實驗相關的內容而產生審美疲勞，在此就不詳述。

接下來就是更常見且實用的法醫技能 —— 辨識不同的傷痕啦！

第三章　你傷害了我，別一笑而過

一百萬種讓你受傷的方法

　　傷痕鑑定並不是一個科學的概念，而是實踐中有意把法醫臨床鑑定（俗稱活體損傷鑑定）和死因鑑定結合在一起產生的。也就是說，法醫不僅需要鑑定死者身上的各種傷痕，沒被打死的受害人身上的傷痕也要靠他們來鑑定。

　　不管是活人還是死者，身上都難免有傷口，說專業一點，叫人體損傷，也就是受到外界因素導致組織結構被破壞或出現功能障礙，主要來源於三點：物理性、化學性和生物性。物理性損傷的因素包括：機械外力（不僅僅是工業上所說的機械，而是物理學機械運動的機械，記不住的請去翻國中理化課本，再做幾套模擬試題加強印象）、高溫、低溫、電流、放射線等。化學性損傷的因素包括：各種有機或無機的化學藥品，主要是各種強酸強鹼之類的。生物性損傷包括各種動物、植物、微生物，可以說損傷的危險充斥在我們生活的各個角落，我們就先從最常見也最明顯的機械外力造成的損傷開始吧！

　　人的皮膚在動物當中算是很薄的了，厚度只有不到 1.5 毫米，全身的皮膚總重約 2.9 公斤，所以造成外傷的方式有很多種。當然，除了外傷，還有很多內部的損傷，這些因為力學方面的刺激（即機械性暴力）引起的傷，都被稱作機械性損傷（mechanical injury）。機械性損傷的分類方法也有很多：按照工具可以分為鈍器傷（blunt force injury）、銳器傷（sharp instrument injury）和火器傷（firearm injury）；按照施暴者的身分可以分為自殺傷、他殺傷和意外傷。至於各種損傷型態就更多了：什麼擦傷、挫傷、骨折、內臟破裂、肢體離斷等，簡直數不勝數，在此我們要感謝那些辛勤的法醫前輩們，正是他們用解剖刀處理了無數死者，才讓我們知道這些創傷的具體特徵。

機械性損傷的形式只有三種：一種是運動的物體對靜止的人體造成打擊，比如高空掉下花盆砸傷樓下乘涼的老爺爺、扔鉛球砸到觀眾、躺著也中槍等。第二種是運動的人體撞擊固定的物體，比如踩肥皂滑倒在地板上、跳樓摔死在地上、跑步的時候不認真看路撞上電線桿之類。第三種是運動的物體對運動的人造成撞擊，比如說汽車撞行人、鬥牛追著鬥牛士、兩個相撲選手互相角力造成意外事故、奔跑時膝蓋中了一箭等。

按照機械性損傷的嚴重程度，可以分為絕對致命傷（absolutely fatal injury）、條件致命傷（conditional fatal injury）和非致命傷（non-fatal injury）。絕對致命傷會直接導致死亡，在目前的醫療條件下，不管是平時身體多麼好的人，都足以直接致死，比如頸部大動脈割破、頭部粉碎性骨折、心臟等重要臟器嚴重損毀等。條件致命傷則是只有在某種不利條件下才會導致死亡，比如棍棒擊打頭部導致顱內出血、四肢多處骨折導致休克、腸道被刺穿等，在搶救及時的情況下還有可能撿回一條命。而非致命傷則一般不會死人，分為重傷、中傷和輕傷。

根據我國的法律，重傷是指使人肢體殘廢、毀人容貌、喪失聽覺、喪失視覺、喪失其他器官功能或者其他對於人身健康有重大傷害的損傷。中傷是指使人肢體或者容貌損害，聽覺、視覺或者其他器官功能部分障礙或者其他對於人身健康有中度傷害的損傷。輕傷是指各種致傷因素所致的原發性損傷（primary injury），造成組織器官結構輕微損害或者輕微功能障礙。這麼說有點太抽象了，人的全身上下都可能受傷，我們只能舉一些例子來說明輕重傷的判定區別。就拿筆者最喜歡的牙齒來舉例：外傷導致牙齒缺損或脫落一顆，亦或鬆動兩顆以上的為輕傷；外露的牙齒脫落一顆（因為影響容貌）或一共脫落折斷四顆牙齒的，為中傷；牙齒脫落或者折斷七顆以上的，那就算是重傷了。再以頭皮舉例，如果刀斧傷口不足 8 公分，磚石傷口不足 6 公分，那就是輕傷；如果頭皮銳器創口累計長度達 8 公分（兒童達 6 公分），鈍器創口累計長度達 6 公分（兒童達 4 公分），就達到了中傷；腦損傷當下出現昏迷（30 分鐘以上）和神經系統體徵，如單癱、偏癱、失語等，就算重傷了。如果你打鬥時不幸碰到一位詠春拳高手，鼻子被打斷，經過檢查如果是閉鎖性骨折，那就是輕傷；如果是粉碎性骨折，那就是中傷；如果是鼻缺損、塌陷或者歪曲致使明顯變形，那就百分百是重傷。有些壞人愛玩火，用菸頭之類的對受害者造成局部燒傷或者小片燙傷，那就是輕傷；如果成人燒、燙傷總面積

（一度燒、燙傷面積不計算在內，下同）在 30％以上或者三度在
10％以上，兒童總面積在 10％以上或者三度在 5％以上，那就
是重傷，介於兩者之間的叫中傷。由於燒傷還有專門的分級，
本章主要介紹各種力學方面的傷害，我們在後面的章節會詳細
描述。

各種傷痕種類的判斷，大多都是以致傷物來命名的，所有
判斷致傷物的過程幾乎都要依照以下 5 個步驟：

· 根據損傷的形態推斷
· 根據組織中的殘留物推斷
· 根據致傷物附著痕跡推斷
· 根據衣服上的痕跡推斷（如果有傷口處或附近有衣物的話）
· 模擬損傷實驗

至於傷口的形狀，我們可以先從大家津津樂道的銳器傷開
始說。銳器傷是由帶有刃或者尖銳頂端的器具造成的開放性損
傷（就是有破皮），不僅限於刀、劍、斧頭、鉤子、叉子、矛、
箭矢、釘子等，甚至瓷片、玻璃片和木頭刺都會造成銳器傷。
銳器傷的特點有（可以買塊帶皮的肉用菜刀砍一下並觀察）：皮
膚及皮下組織解剖結構的完整性遭到破壞，形成開放性創口；
創口張開，出血較多；創壁光滑，創緣整齊，創底較深，創角
較尖銳；創壁之間無組織纖維連接；嚴重的常傷及深部的組織
和器官。

再分得細一點，銳器傷的傷口還可分為四大類：切創、砍創、刺創、剪創，前三種都可以用一把尖刀完成，最後一種如果想做實驗來看的話，最好準備一個羊蹄，或者蘿蔔也行。

　　我們先看看切創的特徵，切創是由鋒利邊緣的物體壓迫皮膚並拖拉造成的，通常傷口比較淺，多分布在動脈區域。造成這種傷口的工具，專家稱為「切器」，刃口通常比較薄，如菜刀、剃刀、刀片、手術刀甚至玻璃片、薄鐵皮等。這種傷口相對「溫柔」，一般都是自殺造成的，所以傷口位置幾乎都在自殺者自己能搆到的位置，比如手腕、脖子、肚子還有自宮的時候切的地方。割腕自殺的人有時候會因為害怕無法一刀割破動脈，所以手腕上會出現好幾道傷口，被稱為「試切創」（hesitation mark）。當然，被他人殺傷的受害者身上有時也會有切創，萬一遇到一個不是窮凶極惡的凶手，下手不是非常狠的話，受害人身上也會有切創，通常在手指、虎口、前臂等位置，稱為抵抗傷（defense wound）。最後，因為我們用菜刀處理肉類食品也是經常用切的方法（而不是用力剁），所以分屍案中也會發現這種傷痕。說到這裡，天天從事分屍工作的肉類加工業人員是不是覺得有點愧疚了？

　　和切創類似的是砍創，相比於切創的婉約，製造砍創的絕對是都豪放派，代表人物有用板斧的李逵、用大刀的關公、力劈華山的沉香，以及很多風格各異的劊子手。如果說切創的施力是橫向的，那麼砍創的施力就是縱向的。砍創需要揮動一把品質較好的凶器，專家稱之為「砍器」，包括菜刀、鍘刀、柴刀、斧頭以及鋒利的鐵鍬、鋤頭等，用刃砍擊人體造成傷害。一般創口很深，甚至會在骨頭上留下傷口或骨折；創口周圍一般有表皮剝落、挫傷，因為砍的工具普遍沒有切的工具鋒利，而且比較厚；創口角沒有切創銳利，有的甚至開裂；創口的長度基本與砍刃的長度相等；如果砍到骨頭的話，經常有工具的殘片留在骨質當中。和切創不同，砍創一般都是他殺，分布在頭部的最常見，然後是四肢和胸背部。自殺事件中幾乎沒有砍創，頂多是自己剁手指、手腕、腳腕什麼的，這也死不了人啊……至於自己砍自己腦袋之類的，就算是瑜伽高手也施不了

力。除非是自己上斷頭臺自己拉繩子，這才能把自己腦袋砍下來。至於過去小說中經常出現的砍掉或者切掉自己腦袋的悲壯案例，請純粹當作文學加工。人的脖子比想像的要結實得多，切斷動脈或者氣管人就已經沒力氣了，砍斷頸椎這門複雜的工夫怎麼能做到？即使是臂力過人的劊子手，砍頭也不是硬砍的，因為刀是國家的，砍頭的時候要審核批准了才能「請」出來用，非常寶貴。平時他們會養一隻猴子，無聊就摸猴子後頸的骨節，了解其構造，還經常沒事就跟在別人後頭觀察脖子，砍頭的時候刀刃從頸椎的骨頭縫當中看下去，就能保證一刀斬首。要是一刀沒砍下來，那職業生涯可是要添汙點了。當然也有為了方便家屬縫合，拿了賄賂故意讓脖子連著一點皮的……說了這麼多，好像有點跑題了，來來來，讓我們繼續了解銳器傷。

刺創也是一種銳器傷，是尖銳的物體沿著縱向刺入人體而形成的管狀創口。完美的「刺器」是有尖無刃的，如錐子、改錐、釘子、釺子、削尖的木棒、竹竿等，尖端可以是圓錐形、有稜形、扁平形甚至不規則形。當然現實生活中帶刃的刺器也不在少數。在古代，很多名將都是用長槍的，神出鬼沒，因此槍被稱為「百兵之賊」，即使不會槍法，集體舉槍衝刺殺傷力也很大，適合騎兵或者步兵列陣使用。代表人物有：趙雲、張繡、羅成、呼家將、折家將、楊家將、岳飛等，所以古代戰場上死於刺傷的人應該不在少數。還有很多短兵器，如峨嵋刺、飛鏢

之類的，也都是用來刺傷人的。如果人被尖銳物體刺穿了，形成穿透傷（就是許多黑道人士喜歡的「三刀六洞」模式），專業術語叫穿透性刺創（penetrating injury），由刺入口、刺創管和刺出口組成；那種沒刺透的，成為盲管性刺創，由刺入口和刺創管組成，沒有刺出口。刺創這類傷痕一般是體外損傷輕、體內損傷重，而且內臟的出血量比皮膚創口的出血量多；刺入口周圍常伴有擦傷、挫傷；有時刺入口形態可反映刺入工具的形態，並留有刺器柄的形態，透過傷口可以看出凶器是單刃、雙刃、多刃或者無刃（針、釘子等）。和砍創類似的是，刺創一般也是出現在他殺案件中的。

　　還有一種不太常見的銳器傷 —— 剪創，一般行走江湖都帶刀槍劍戟等十八般兵器，帶剪刀的恐怕也只有四大惡人中的南海鱷神了。剛才我們分析過人的脖子是很結實的，劊子手砍頭的時候一般都不會硬砍，所以像南海鱷神那樣一剪刀把人腦袋喀嚓掉的事情現實中恐怕不容易出現，所以剪刀傷一般不會致命（除非剪壞大動脈或氣管），傷痕形狀通常分類為兩種，分別是夾剪創（傷口線形、V 形、八字形）、刺剪創（成對瓜子形、S 形）。剪創多見於他殺，自殺或防衛傷少見，以往多見於鄉下，目前不常見。

　　下面我們再說說鈍器傷。鈍器傷的概念就是由鈍器打擊人體造成的損傷。鈍器的種類很多，小到一枚石子硬幣，大到整

個地球，如果你摔倒，地面就是致傷物，而且材質涵蓋金屬、木頭、磚石、冰塊、塑膠、骨頭甚至人體的很多部分。通常鈍器傷伴隨有表皮剝落和皮下出血。鈍器傷可以是開放性的（即有破口），這時候創口形態不規則，創角較鈍，創緣不整，創腔內常有組織連接在一起，創壁不光滑，創腔內有時嵌有異物。鈍器傷有時又是閉合性的（即沒有破口），這時體表損傷輕，體內損傷重。如果是規則的鈍器，可以從傷口上看出作用面、作用邊和作用角等。

鈍器傷的分類更多，包括徒手傷含指端所致損傷、拳擊傷、腳踢傷、掌擊傷等，人體的很多部位都可以作為武器，因此徒手傷五花八門，包括人的咬傷和動物咬傷、棍棒傷、磚石傷、斧錘類傷、高墜傷等。

身為一個武術愛好者，要對人造成徒手傷有的是方法。徒手傷多發於傷害案中，但有時也會致人死亡 —— 既然名字叫徒手傷，就先從手造成的傷說起。手的攻擊方式有抓、扼、捏、壓、掌擊、拳擊等，方式十分多變（一秒鐘化身武林老師父的感覺有沒有），一次傷害案件中可能出現多種方式的傷痕。先說抓痕：抓痕是人的指甲掠過皮膚表面並使表皮移位而形成，可呈扇形或幾條平行的溝狀痕，或者兩者並存。如果指甲夠鋒利或者抓的力道夠大，也會造成開放性傷痕，如果指甲像是練過九陰白骨爪那樣的，應該就能致命了，不過抓破頭蓋骨這種逆

天的事情恐怕在理論上行不通，人的頭骨可是比混凝土還結實呢！手指傷也很常見，從字面上不太好理解，其實就是手指尖端以一定力量壓迫皮膚表面而形成的，通常有圓形或者橢圓形的皮下出血，傷痕前端伴有「新月狀」的表皮脫落。手指傷通常都出現在頸部，尤其是頸部的前兩側，大家可以想想掐人脖子時的動作就大致明白了，如果實在還不明白，可以雙手捧著自己的小腿掐一下，千萬不要拿別人實驗。

掌擊傷是指以手掌面打擊人體所造成的損傷，多見於傷害案件，介紹概念的書上一般都會很不厚道地加一句「主要見於受害者臉部」，可見打耳光是非常常見的故意傷害。損傷較輕的（也可能是臉部皮膚比較厚）人當然很幸運，肉眼檢查時無明顯改變；被狠狠抽耳光的人可以看出較大面積的皮內出血或皮下出血，還能看出對方巴掌的大概形狀。至於手勁太大，一巴掌把人打得顱內出血或脖子脫臼而死的，在此不做討論（徒手傷我們主要介紹它對於皮膚的損害），我們之後可以類比其他傷害巨大的鈍器傷。

拳擊我們就不用多介紹了，甚至還發展出了一項喜聞樂見的奧運會體育運動（當然為了保護拳手，手部還是會戴上手套的，注意是為了保護拳手的手而不是挨打人的臉）。當手握成拳頭對他人造成損傷的時候，通常以除大拇指外四個手指的第一節指骨（最下面的一節）和第一個指關節作為打擊面，作用力

很集中，輕者痛一陣子，重者會打死人。因為拳擊傷會按照嚴重程度出現皮下出血、挫裂創、肌肉出血、內臟損傷和骨折。

　　腳也是人重要的攻擊武器，有些門派講究「手是兩扇門，全憑腳打人」，如中國的彈腿、韓國的跆拳道、巴西的卡波耶拉戰舞（Capoeira）、法國的踢腿術等，都非常強調腳的威力。腳可以對人造成足踢傷，多見於人體下部，如雙下肢、會陰部、臀部或腰腹部，如果被害人處於蹲位、坐位或臥位，則可見與身體任何部位。另一種被稱為足踩傷的則可能見於人體的各個部位，因為這時候人通常都是倒在地上的，參考踩踏事件，從傷痕可以看出鞋子的大小、鞋底花紋，從而推測出施暴者的身高體重。腳造成的傷一般比手造成的傷害要更大，也更容易致死。

　　練泰拳的朋友此時大概要不平衡了，除了上述攻擊方式，我們還愛用手肘呢！肘部確實是人體一個非常特殊的器官，彎起來就是一個強而有力的殺傷性武器，可是伸直了又變成一個特別容易脫臼的脆弱關節，基本上用人體的其他任何部位打擊都能讓手肘脫臼。雖然肘部的骨頭尖是非常有利的武器，可是稍微錯開一點就是神經核（俗稱麻筋），又是非常怕打的一個地方。肘擊傷一般出現在受害者的上半身，和拳擊類似，不過形狀不太一樣，在受傷局部會形成類圓形皮下出血，重者會致肋骨、顱骨骨折，腹腔內臟器官破裂或穿孔，非常可怕，武術

中有「寧挨十拳，懼中一肘」之說。所以現在幾乎所有大規模的格鬥比賽都不允許使用手肘打擊。肘部擊打的動作其實有很多，如擺肘、挑肘、砸（砍）肘等，根據傷痕的位置和形態可以判斷當時的動作。

練泰拳的朋友又會說，我們除了對肘法的熱愛無人能出其右，我們還特別熱愛膝蓋攻擊呢！的確，泰拳的膝法也是一絕，和肘法稱為「索、求」。膝彎曲後能夠承受 500 公斤的力量，威力十分凶猛，適合貼身近距離格鬥，著力面主要位於膝的上部。由於膝擊速度快、力道大，打擊路線短，真可謂神出鬼沒，防不勝防，十分可怕。膝部頂撞多傷及下半身，主要在會陰部或腹部，會形成類圓形皮下出血甚至傷及內臟，但更常見的是局部受傷且無外傷徵象。但是泰拳中還有「箍頸膝撞」的常見姿勢，抱著對方的脖子，壓彎他的腰，用膝蓋攻擊其胸、下巴和面部，經過連續猛撞，受害者五官破損、視力模糊，甚至門牙破碎，當場昏死，嚴重者有可能因為下巴被猛烈撞擊而震傷腦幹，或頭部被撞擊導致顱內出血而亡。格鬥遊戲《格鬥天王》中的日本籍泰拳冠軍有一招是膝蓋連續撞擊對手軀幹，被稱為「膝擊地獄」，大家可以想像這威力有多大了吧！

最後，我們說說少林功夫當中的鐵頭功。當兩人纏鬥的時候，頭部就會成為最好的武器，距離短，力量強，攻擊速度快可以有效撞擊他人的頭面部，導致軟組織、五官損傷甚至頭骨

損傷。練習鐵頭功的人經過反覆打擊額頭，反覆多次的細微受傷再瘀癒致使頭部骨骼越來越厚，厲害者可以用腦袋剖開椰子、斷鐵條，這腦袋如果撞到人身上，應該會造成類似磚石傷的效果吧？不過目前中國武僧的法律意識都還很高，即使與人打鬥也點到為止，更不會使用鐵頭功這樣的少林絕技，所以在刑事案件中頭撞傷的案例比較少，日本倒是有個叫櫻木花道的不良青年打架時喜歡用這招。

　　人體最有力氣的部分不是手臂和腿，而是牙齒的咬合部分。人的牙齒可以產生巨大的力量，足以咬著繩子吊起人體。根據人的鍛鍊程度，輕者可以達到 40 公斤，部分狂人甚至可以達到幾百公斤。所以咬傷在打鬥中也是很常見的，這種上下顎牙齒咬合所致的損傷，人或動物在攻擊和防禦時均能形成，只不過人嘴部太短，很多時候用嘴咬不太方便，反而容易被人打掉牙齒。咬傷的種類繁多，理論上有幾種有顎的動物，就有幾種咬傷。

　　人類當然不會滿足於僅靠天賜的這一點可憐的武器來戰鬥，於是早期的人類漸漸發明了棍子等武器來殺傷他人和動物 —— 有些科學家見過猩猩用樹枝做成的「矛」捕獵猴子，所以棍棒的使用很可能在更早的時候就有。在中國古代，棍被稱作百兵之祖，最樸實但是又最千變萬化。棍棒的種類很多，長短粗細各異，材料多樣、容易獲取，便於攜帶、用起來上手，

殺傷力大，是居家旅行用來防身的必備武器之一，典型的棍棒
都有一個狹長的主體和兩端，使用時通常以棒體擊打，也有用
棒端戳或打的。棍棒的外型一般有圓柱型、方柱型和不規則
型，材料一般是木質或金屬，不常見的還有塑膠、竹藤、甚至
法國麵包（法棍也是能打死人的）等。棍棒傷可能造成如下惡
果：條狀表皮脫落和皮膚出血、中空性皮下出血、條狀挫裂創、
弧形挫裂創、骨折和組織挫滅。

　　我們先來解釋一下剛才提到的這幾個專有名詞：中空性
皮下出血又叫做「竹打中空」（tramline or railway line
bruise），是棍棒類工具高速作用於人體所形成的皮下出血特
點，一般比較容易在胸、背部及四肢等比較寬闊的地方形成，
最好是這裡有一定厚度的肉。你可以看到該皮下出血的傷痕中
間有白色的條狀痕跡，而兩邊為暗紫色條狀皮下出血。為什麼
會出現這種狀況呢？因為人體皮膚下的微血管是最容易損傷的
部分。微血管總數超過 400 億根，在組織內分支非常多，遍及
全身各處，形成密集的血管網，展開後總面積超過 6,070 平方
公尺。可是其結構很簡單，管壁主要是一層內皮細胞，最細處
僅有 1 個內皮細胞就可圍成整個管壁，在較粗的微血管處也只
是由 2～3 個內皮細胞圍成管壁。因此微血管通透性極強，便
於物質交換，也非常容易在機械作用時斷裂、破碎（比如刮痧
的時候），血液可以在沒有任何阻力的情況下流入組織間隙，同

時血管斷裂、細胞破碎、組織挫傷，受壓處血管內的血液也被擠壓到血管斷端。傷痕中間的皮膚受力最大，向下凹陷；而傷痕兩側的皮膚受力方向是垂直於切線的，兩側的受力形成剪切力，橫向挫傷皮膚。綜上所述，就出現了這種現象。

　　當打人的棒子是圓柱體的時候，由於棍棒外表是弧形，打擊人體時只有部分接觸，各部分的壓力也不同（感興趣的朋友可以拿一支大麵團用擀麵棍打打看），其損傷的特性為：長條狀皮內、皮下出血，中心部位較重，兩側逐漸減輕，邊界比較模糊，出血帶寬度比棍棒直徑小一點。當然，這一現象主要是集中在又快又狠地打在平坦且軟組織較為豐滿的部分（如前胸後背屁股蛋這類肉厚的地方）。要是腦袋上挨了一悶棍，會怎麼樣呢？因為有了堅硬的顱骨在底下撐著，頭皮又是血管十分豐富且又薄又脆的，所以非常容易出現頭皮挫裂，兩側創緣均會出現「鑲邊」樣挫傷帶。垂直打擊時，創緣兩側的挫傷帶寬度一致；偏擊時，施力方向一側（即棍棒運行方向與頭部夾角小於 90 度一側）的挫傷帶窄於對側的挫傷帶，創口的角會形成撕裂。傷口裡頭經常會發現木屑、樹皮、鐵鏽、油汙等附著物，不用我說你也知道這是辨別凶器的重要物證啦！另外，當頭部被棍棒端部打了的時候，容易形成垂直於長軸的弧形挫裂創。如果凶手力氣夠大，棍子一掄就會導致你顱骨骨折，輕者為線性骨折（linear fracture），重者形成「舟狀」凹陷性骨

折（depressed fracture）。木質棍棒多形成線性骨折，鐵質棍棒多形成凹陷性骨折，周圍常伴有嵌入性小骨裂（impacted fracture）。當用棍棒端部用力搗或站在較遠距離用棍頭猛打時，就會出現相同直徑的圓形皮內、皮下出血，重者會致顱骨開放性骨折（open fracture）。要是不幸碰到了一個足以殺害劉和珍的狠角色，對著腦袋一陣猛揍，多次打擊就能形成粉碎性骨折，嚴重的會致人死亡。當然，棍棒的直徑和傷痕的寬度也是有關聯的，為了測定其中的具體關係，科學家用皮膚最接近人類的小乳豬做了一個實驗，他們在市場中買了五頭 8 週大的小乳豬，重量 17.5 公斤左右，誤差不超過 1.5 公斤，皮下軟組織厚度 6 ～ 8 毫米。注入麻醉劑之後，小豬們被剃光背部的毛，放在一個特殊的機器上挨打，同時採用測量儀測打擊的力度。經過一系列縝密的測定和計算，發現直徑越大的木棍，越需要更大的力氣才會出現中空性皮下出血；而打擊力度與皮下出血總寬度及中空寬度呈現出高度的相關性，甚至可以用一元一次函數表示。如當傷痕總寬度為 Y，而棍棒直徑是 x 時，$Y = 0.038 + 0.769x$，中空部分的相關函數則是：$Y = 0.096 + 0.228x$。

如果棍子不是圓柱體，而是長方體的（木板之類的也算），垂直打擊人體的時候，會形成均勻的帶狀皮內、皮下出血，界線清楚，寬度與接觸面寬度基本一致。如果你不幸穿越到古代

縣衙變成被告，衙役拿起板子快速打擊你的後背和臀部等軟組織豐厚的部位，就會形成帶狀中空性皮內、皮下出血；如果用棒端打在身上，就會出現「槽狀」中空性皮下出血，中空區寬度可反映接觸面寬度。如果衙役打板子特別用力，就會形成線狀骨折、長方形凹陷骨折甚至粉碎性骨折。如果衙役缺德一點，用稜邊垂直打擊人體軟組織，就會形成條狀擦傷、挫傷，中心部位較重。若軟組織下有骨質襯墊，則易形成條狀挫裂創，創口邊緣平直，創緣周圍出血帶不明顯，創腔內常無組織連接——是不是很眼熟？對了，這時候最容易被誤判成銳器傷，此時應特別仔細檢驗創底骨面上有無銳器損傷痕跡，以及從遮蓋物斷面的形態特徵加以鑑別。所以千萬別看到被美國隊長打傷的人，就說人家的盾牌開鋒了，這絕對是造謠！當鐵質方形凶器打擊腦袋力道較大時，會形成顱骨溝狀凹陷骨折。如果是傾斜打擊的，會形成條帶狀皮內、皮下出血，一側邊界清楚，並常伴有擦傷，另一側邊界模糊。再用力一點，就會使施力重的一側形成挫裂創，若不幸發生在頭部，顱骨上會形成一側骨板下陷明顯的骨折。如果拿著長方體棍棒的人非要以棒端戳擊（姿勢好詭異），則會形成與棍棒端形態相似的方形皮內、皮下出血。要是用端部一角打擊時，則會形成三角形皮內、皮下出血或挫裂創，要是打在頭上，就會在顱骨上形成三角形凹陷骨折。

如果棍棒形狀非常不規則，形態特殊，如縱軸彎曲、粗細不均、表面粗糙凹凸不平，以及有分枝或其他附屬物（比如打人的武器是冷凍茄子，或門神秦瓊的八稜熟銅鐗等），打擊時棍棒無法與人體表面完全接觸，故會形成大小不等、形態不一、程度不同的擦傷、挫傷及挫裂傷。如棍棒像鹿角一樣有分支或其他附屬物，常形成一些與這些分支或附屬物相對應的損傷，認定這些傷痕就很重要了。另外，創腔內會留下木屑或樹皮、鐵鏽等，透過這些可以認定工具的材質，檢驗時一定要仔細發現並提取，哪怕用顯微鏡也要找出蛛絲馬跡。

除了棍子，磚頭和石塊也是街頭戰鬥中非常有效、便捷，且容易得到的殺傷性武器。按照教科書上的定義，磚石傷是磚石類物體作用於人體所引起的損傷，分為磚頭傷和石頭傷兩種。磚石傷的特點是受害者會出現片狀表皮脫落伴皮下出血；條形、角形及不規則形皮下出血；角形、條形及不規則形挫裂創；嚴重者甚至會出現線性、粉碎性骨折。

和其他傷痕不同，磚石傷分為主動和被動兩種，主動傷是被運動中的磚石砸傷，而被動傷則是磚石沒動，你自己撞在磚頭（石）上了，很多撞牆、跳樓自殺或者不小心摔倒的，都屬於這種類型。

我們先說說磚頭這一物體的來歷，最典型的磚頭是使用黏土燒製而成的，在秦漢時期就有了相當程度的藝術性和實用

性。但是磚在古代又不像我們想像的那麼常見，因為直到元朝時期，中國的城牆還是以夯土牆為主（至今北京還有西土城、北土城的地名，就是元朝的城牆，還有一座根本看不到遺址的遺址公園），就像《大話西遊》片尾紫霞和夕陽武士對峙的那座城牆一樣。到了明清時期，中國才大力發展磚砌城牆。古時候對磚的需求量沒那麼大，製磚廠的規模和產量也不會太大，所以我們很難看到古代小說中有磚頭傷人的情節。隨著社會的發展、生產力的提高，現在的磚也出現了多種不同形態：如耐火磚、瓷磚、空心磚等，甚至還有灰渣磚、水泥磚、粉煤灰磚等非燒結磚，但是街頭打架中最受歡迎的還是那種幾公斤重的黏土磚頭。由於磚頭質地較酥脆，所以打人後經常會留下磚屑、灰沙等，成為破案的關鍵證據。

　　之前提過的規則形鈍器傷人，方磚是個極其標準的例子，從傷口可以看出磚頭與人體作用的角度，甚至分析出凶手拿磚頭的姿勢。如果凶手喜歡像狗熊一樣拍，就會造成磚塊平面垂直打擊，一般都會打在人體的頭面部。由於磚表面粗糙，所以在挫傷區常伴有點狀擦痕；如果受害者橫倒在地上或坐著的時候被磚拍大腿，那麼在這些軟組織豐滿部位，也會形成長方形中空性挫傷；如果是傾斜打擊，則可見線條狀平行排列的梳齒狀擦痕。如果磚頭的平面打擊到頭部弧度較大的部位，會形成類圓形或不規則形頭皮出血，常伴有表皮脫落；若凶手打擊力道大，可能形成星芒狀挫裂創，留下特殊的傷疤，創口周圍伴

有表皮脫落和磚屑遺留；如果繼續高速打擊頭部，而你又沒練過鐵頭功，則會形成線狀骨折或骨縫分離；打擊在胸部會致肋骨骨折；打擊在腹部易致肝、脾等器官破裂出血。

如果凶手不是像熊掌一樣拍，而是用磚頭稜邊或稜角 K，那打到頭部後，就會在頭皮形成條形、三角形皮內、皮下出血和表皮脫落。若打擊力道大，則會在頭皮形成條形、三角形挫裂創，有時可見組織挫碎，創口周圍會遺留磚屑、灰沙等物，並造成線性骨折或成角狀的凹陷骨折，所以不要打架！

如果是斷磚傷痕，那麼磚頭的斷端因其凹凸不平、不規則，作用於身體時受力不均，打擊頭部形成輕重不一、形態不規則的損傷，多發性、大小形狀不一的擦傷、皮下出血、挫裂創在同一損傷區內可能同時存在。是不是看起來有點像不規則形狀的棍子傷人的痕跡？

說完了磚頭傷，我們再來談談石頭傷。早在猿人時期，部分高智商的猿人就會用石塊砸果殼或者毆打其他同伴，就算到了現代，像綠巨人那樣智商感人的超能力者也會拍碎地面挖石頭丟人（好吧，應該是砸人），因此石頭傷也算是非常常見的了，不過都市裡的石頭傷大部分都是摔倒在石板路上造成的，在野外地區才較常出現用石頭打人的事件，不用多想，被石頭打的通常是腦袋，可憐的頭部！根據材料的不同，常見的有磚石傷和鵝卵石傷。

山石表面凹凸不平，伴有不規則的稜邊和稜角，其大小和重量不等，形態不拘一格，因此，形成的損傷簡直可以說是千奇百怪。不規則的山石一次打擊，常會形成大小不等、深淺不一、形態各異的損傷，和上述斷磚打擊形成的損傷有點類似，但是因為傷口實在是太複雜，有時易被誤認為多次打擊所致，深得「碰瓷」專業者的青睞。山石打擊頭部所致的挫裂創，可表現為多種形狀，但大多數為不規則形，有多個創角，創腔內可見石屑，並且在創口周圍伴有多種形態、輕重不一的表皮脫落和出血。

　　如果傷口呈現出周圍著力較輕、中央著力較重的趨勢，法醫專家替它取了個很高科技的名字：衛星狀挫裂創。如果是用山石稜角猛擊頭部，不管是主動還是被動，都會形成凹陷骨折；若稜角較尖，亦可能形成孔狀骨折，其半徑較小，周圍伴隨著環狀骨裂。此種骨折的損傷範圍一般較小，其著力處常有稜角戳擊時形成的接觸痕跡，看起來就好像被長矛捅了一樣。

　　山石因表面不規則有多種接觸面，反覆打擊後的創口特徵和層次分辨不清，不易辨別打擊次數、先後打擊次序和接觸面的性狀，但常在凶器上發現血跡和毛髮。山石的邊緣常呈不規則條形，打擊在頭頂形成不規則條形的挫裂創，如果遇到攻擊性特別強或者防衛過當的人，打擊力度大時則可能形成不規則線性骨折或凹陷骨折，甚至腦損傷造成死亡。因山石易碎，故創內有時可見碎石屑。

如果案件發生在河邊，手邊可以發現很多不規則圓形或橢圓形、表面較光滑、質地較堅硬緻密的鵝卵石，會在頭皮上形成表皮脫落和皮下出血，其形狀多為類圓形或橢圓形，中心部位出血較嚴重，色澤較深，周邊逐漸淺淡，邊界不清 —— 這點和被棍子戳可不一樣。如果打破了皮，所致挫裂創多呈星芒狀或不規則弧形，創口邊緣通常不整齊，可能伴有組織挫碎、挫滅，創口周圍常伴有範圍較大的表皮脫落、皮下出血，殺傷力同樣不可小覷。

　　鵝卵石打擊也會造成骨折，與打擊力道大小和接觸面積有關。在一般外力打擊下，會在骨外板形成類圓形的壓痕。如打擊力道及接觸面積大（類似磚頭橫著 K），會形成帶弧形的線狀骨折，顱頂、顱底聯合骨折或大範圍的粉碎性骨折。若打擊力道大而接觸面積小（類似棍頭戳），則會形成類圓形塌陷骨折或粉碎性骨折。此種骨折周邊不規則，有些會帶弧形，常伴有放射狀骨折線從著力中心向四周延伸，骨折區內碎骨塊大、數量少，骨折區相應的內部（如大腦、肝、脾）損傷也較常見。

　　錘子可以說是棍棒和堅硬的非長條物體的組合工具，古今中外深受各個大力士的青睞，素來有「錘棍之將不可力敵」的說法。古代有李元霸、岳雲等，今有雷神索爾，還有曾震驚全中國的大學生殺人犯「馬加爵」（編按：2004 年雲南一名大學生馬加爵因與室友起爭執，殘忍地用錘子殺害了 4 名同學）。錘

子這種東西一般不會被當成凶器禁止使用，錘子的形狀也可謂五花八門，有奶頭錘、羊角錘、圓頭錘、八角錘、扁尾錘……還有比較復古的窩瓜錘、狼牙錘、擂鼓甕金錘、龍頭錘等，種種形狀不一而足。另外，斧頭的背面也能當作錘子使用（雙刃的叫鉞），所以這類工具砸人所造成的傷，被專家們稱為斧錘傷。當然，要細分的話，還能分成錘擊傷和斧背傷。

由於斧頭錘子大部分都是金屬的，斧錘傷的基本形態要比之前說的棍傷嚴重一點：表皮脫落和皮下出血；條形、角形及不規則形皮下出血；挫裂創；骨質損傷。

先說錘擊傷，傷痕一般是在頭部，傷者常死於重度的腦損傷或者顱內出血，因為拿錘子的凶手通常都是準備要殺人的，所以能在錘下生還的幸運兒不多。錘子面一般是圓形的，如果受害人幸運一點，恰好打在人體相對平坦的部位，會形成與錘面形態和大小相近的皮內、皮下出血；若擊打部位為豐滿的軟組織，會形成中空性皮內、皮下出血。如果打在頭部，會形成弧形的挫裂創，通常一次會形成兩個半圓形的傷痕，兩個創口之間有挫傷。如果力氣夠大，會形成圓形或類圓形凹陷骨折，甚至孔狀骨折，這時候數學可以派上用場，根據損傷大小推算出錘面的直徑。如果是多次重擊，就會造成粉碎性骨折了，此種骨折的骨碎片較小，骨折區周邊多呈波浪狀，其弧形大小近似。如果錘面垂直打擊頭部弧度較大的部位，亦會形成圓形或

半月形皮內、皮下出血，但出血範圍往往小於錘面直徑，其出血邊界不清。此種打擊所致的挫裂創除呈弧形外，還會呈星芒狀或不規則狀，挫裂創的中央可見組織挫碎，其周圍可見表皮脫落、皮下出血。另外還有錘子面跑偏的情況，圓形錘面偏擊人體會形成半月形皮內、皮下出血，亦會形成弧形挫裂創。這些挫裂創弧內伴有挫傷區，近弧邊損傷較重，有組織挫碎，是不是可以聯想到「竹打中空」？此種打擊力量大時，會致顱骨產生半月形階梯狀凹陷骨折，骨折的弧邊內陷較深，骨面呈斜坡狀，搶救起來應該會很麻煩啊！方形的錘子則相對少見，打在腦袋上形成的損傷形態與斧背打擊相似，但是法醫怎麼區分錘子和斧頭呢？因為斧背傷在同一具屍體上還可能伴有斧刃砍傷，而錘面傷可能同時伴有錘背或錘體側面所形成的損傷。

　　錘子除了有一個方便砸核桃的平面，很多錘子的錘頭並不是對稱的，錘子的背面會呈現各種形狀，所致損傷與其自身的形狀是相應的。比如用奶頭錘打擊人體軟組織，會形成小於乳頭直徑的圓形或類圓形皮內、皮下出血，若被打的部位有骨質襯墊，亦會形成類圓形或星芒狀挫裂創。挫裂創中心伴有組織挫碎，嚴重時課露出骨質，對應的骨質會出現圓形凹陷骨折。所以不要以為它有了這樣的名字就會比較溫柔，人家一樣是可怕的金屬製品啊！如果是用羊角錘打擊頭部，會形成對稱性的與羊角末端形態近似的挫裂創，打擊力道大時，亦會形成對

稱性的形態近似的凹陷骨折或孔狀骨折。如果羊角上還有刃的話，特徵請往回參考銳器傷，但是要注意從傷口形態分析施力角度。如果是用鴨嘴錘打擊頭部，則會形成扁長方形皮內、皮下出血、挫裂創、凹陷骨折或孔狀骨折。錘子不光能用兩面砸人，偶爾還會出現哪個想法別緻的人用錘體拍人。雖然在法醫學實踐中，錘體所致損傷非常少見。一般錘體多為圓柱狀，即使有稜邊也多鈍而不顯，以此打擊頭部會形成與圓柱體鈍器打擊形成的挫裂創特徵相類似的損傷，想要栽贓給棍子的凶手或許會採取這種方法。當打擊力道太大時，會出現顱骨線性骨折，甚至凹陷骨折。

　　說完了錘子，就要說說斧頭了。因為現在砍柴的人越來越少，斧頭今天已經不常出現在老百姓的家中了，反而走上了很多專業的職位，如木工斧、肉斧、柴斧、消防斧、礦工斧等。由於斧頭前端必須有個刃，所以在同樣長短的情況下，斧頭通常會比錘子更重一點。由於斧背較重，打擊的時候的力道也會比較大，如果打擊在頭面部，常會形成反映斧背形狀、大小的挫傷或挫裂創，由於大多數斧背是方形的，因此有時會呈現出完整的條邊，有的僅呈現部分的直邊和直角，其出血挫傷區的邊緣為斧背稜邊所致的挫裂創。這種挫裂創的外創緣一般較平直，內創緣不整齊，伴有組織挫碎。如果頭部僥倖躲過一劫，斧背快速垂直打擊在較豐滿的軟組織時，亦會形成類似棍棒傷的「中空性皮內、皮下出血」。當斧背擊打頭部弧度較大的部位

或以其角面接觸時，亦會形成類圓形或三角形的皮內、皮下出血以及星芒狀或凹三角形的挫裂創。對此類變異傷痕，最重要的是觀察該傷或他傷周圍有無典型的邊界清晰的直角形皮下出血，如果有明顯的直角，是斧背打擊的可能性就大多了。斧背打擊頭部的傷害性非常高，常伴有顱骨線性骨折或凹陷骨折、粉碎性骨折，亦可見骨縫裂開。具體骨折的性狀取決於斧背與頭皮的接觸面，當斧背垂直打擊頭部，因作用面積小，打擊力集中，易形成類方形的凹陷性骨折或粉碎性骨折，甚至形成孔狀骨折（hole fracture），骨折區往往大於斧背面積，有時會在骨折邊緣上反映出斧背稜邊、稜角的形態特徵，我們甚至可以根據這些痕跡測算出斧頭的大小。若斧背以角面斜擊頭部，輕者在顱骨外板上形成三角形骨質壓痕（這點和磚頭傷人有點類似），重者則形成三角形斜坡樣凹陷骨折。斧背打擊之所以不容易活命，和錘子類似，也是容易在顱骨骨折的下方形成衝擊性腦挫裂傷、骨折性腦挫裂傷和顱內血腫。當然斧背還有圓形或者其他不規則的形狀，和錘子的致傷效果類似。

還有一種特殊的鈍器傷，即使你知道了受傷過程的前因後果，也無法將致傷物拿到法庭上作為證據，這就是高墜傷，俗稱摔傷，這時候大地就是致傷物！

高墜傷是指人從高處做出自由落地運動，與地面或其他物體撞擊產生的傷害。不管是自殺、他人襲擊還是不慎跌落，都有可能形成這種傷痕，一般是綜合性鈍器傷（多種損傷並存）。

輕者僅有軟組織挫傷，重者則出現骨折、內臟破裂、支離破碎，《神雕俠侶》中的裘千尺和公孫止就是這樣的結局）。高墜傷的特點有：多種損傷並存，廣泛且嚴重（如骨折、內臟破裂但出血少等）；外輕內重；一次形成（假設空中沒有其他物體攔截）；損傷分布有規律（根據墜地姿勢存在於身體一側或頭部、腰骶部等地，符合力學原理）；最後，大多數立即死亡。另外，高墜傷由於衝擊力巨大，經常會出現衣服破裂、鈕扣崩落、皮帶斷裂等情況，常常讓家屬誤以為是性侵案件。所以判斷的時候可以根據屍體身上是否有約束性傷痕，來斷定是否遭到性侵或者被人脅迫推下樓。

影響高墜傷的因素主要有五點：人自身的體重、墜落高度、地面情況、接觸方式和部位、中間物（撞上欄杆、樹枝等物）。

高空墜落的原因也有如下幾種：意識清楚或模糊（但還有意識）時，可以是自殺、意外跌落、被他人扔下、被逼迫自己跳樓和被他人偷襲掉下樓；昏迷時被他人丟下樓或者不慎跌落。想要知道到底為什麼跳樓的，就要詳細檢測屍體上是否有其他生前損傷和中毒的反應了。如日本電影《追捕》當中有一種吃了會讓人意識模糊的藥，人服下之後就會受人指揮跳樓，所以才有「朝倉不是跳下去了？唐塔也跳下去了」的經典劇情存在，年輕讀者請去問一下你們的父母吧！他們肯定知道這一段。當然，死者體內是會檢測到相關的化學物品殘留的。

另外，還有一種沒有固定凶器的鈍器傷，叫做擠壓傷。擠壓傷的定義為身體的四肢或其他部位受到壓迫，造成相應身體部位的肌肉腫脹和（或）神經學疾病。典型身體的受擠壓部位包括下肢、上肢和軀幹等（如果是脖子被擠壓那就是窒息了）。常見於手、腳被鈍性物體如磚頭、石塊、門窗、機器或車輛等暴力擠壓所致擠壓傷，也可能是人體或動物待在一個過度擁擠的空間時造成的傷；也可見於爆炸衝擊所致的擠壓傷，這些擠壓傷常常傷及內臟，造成胃出血、肺及肝脾破裂等。最可怕的擠壓傷是地震、山體滑坡、土石流、塌方後造成的土方、石塊的壓埋傷，這種傷常引起身體一系列的病理改變，甚至引發腎功能衰竭，稱為「擠壓症候群」。所以別以為被石塊埋住的傷患只要頭露在外面就沒事了。

　　擠壓傷的受傷部位表面無明顯傷口，但有淤血、水腫、發紺（cyanosis）等。如果是四肢受傷，傷處腫脹會逐漸加重；如果是手和腳趾的擠傷（這通常不會致命），指甲下血腫呈黑色，可立即用冷水冷敷，減少出血和減輕疼痛，嚴重的會出現開放性傷口，甚至指骨和趾骨骨折。出現「擠壓症候群」的個體會有尿少、心慌、噁心，甚至神志不清等狀況，擠壓傷傷及內臟可能引起胃出血、肝脾破裂出血，這時會出現吐血（hematemesis）、咳血（hemoptysis），甚至休克。所以，大家今後可不要開玩笑用力擁抱小朋友，或者把人夾在門後用力擠了，後果會很嚴重的。

吃我一記「慶記」—— 火器傷

寫這一章的時候《羅根》（*Logan*）上映了。身為一個漫威死忠粉，我一點都不羨慕金鋼狼的自癒能力，因為雖然能快速恢復，傷口還是會痛一陣子，而且他和人鬥毆的時候即使被人亂槍打成篩子，警察和法醫趕到的時候傷口大概也都癒合了，這叫法醫還怎麼做鑑定啊！只能檢查被他打傷的人，最後把金鋼狼抓起來判個殺人罪或傷害罪。

但是，現實生活中，把火器的傷害放在普通人身上，可不是銳器、鈍器這些「樸素」的工具可以比擬的。火器傷是指各種槍彈和爆炸物對人體造成的損傷，通常分為槍彈傷和爆炸傷。

槍彈傷是由槍彈擊中人體造成的損傷。自從火藥成為武器，世界戰爭的格局就出現了巨大的變化。火藥武器出現於唐末，興於宋元。明朝初年，明成祖朱棣組建了世界上第一支火槍部隊 —— 神機營，該部隊比歐洲最早的西班牙火槍隊要早成立一個世紀。不過那時候的火槍射程短、上膛慢，並不比弓弩強多少，光是打一發要裝一次子彈這一點，就能被弓箭手們虐死。所以神機營只能配合騎兵、步兵打野戰或者擔任遠程射手，無法單獨作戰。在美國獨立戰爭時，我們會看到這樣非常紳士的場景：一排衣著整齊的火槍手半跪發射，然後站起來後退裝子彈，身後的一排火槍手再上前發射，一共至少三排火槍手輪流上陣。不過這些已經都是過往雲煙，如今的槍械有多發

達就不用我說了，老人小孩都能學會使用的 AK-47 就是個最好的例證。臺灣對槍支管理非常嚴格，所以這類案件不多（近幾年也呈現上升趨勢），西方國家槍擊案件較亞洲國家多，而且出現過不少凶殺案。如今槍支的種類很多，即使你沒玩過生存遊戲也會了解一點 —— 根據槍筒長度的不同，分為短槍和長槍。短槍有各種手槍，長槍有步槍、通用機槍（general purpose machine gun, GPMG）、半自動步槍、自動步槍、衝鋒槍、獵槍等，它們的共同點是：都能打死人！法醫檢驗中，多見手槍槍彈創，因為拿著長槍很少能上街殺人，剛走到馬路邊就會被巡邏員警攔住了。

關於槍械的故事，多少本書恐怕都說不完，我們在這裡只介紹槍傷的相關知識。現代槍彈一般由彈頭、彈殼、火藥、引

信四部分組成，能對人體造成穿透、刺破或炸裂傷害；動能極大的彈頭，由於其旋轉速度很快，常常會造成圓形彈孔。槍支發射的子彈彈頭，通常是沒有尖端的圓錐體，有鈍器的特點；但槍彈的推進力極大，穿透性能非常強，所以又具有銳器的特點，這也是單獨把它列出來的原因之一。另外，獵槍用的是霰彈，彈頭多由鉛、銻合金製成（傳統自製獵槍，發射的鐵沙子、小鐵丸、石子等也是霰彈），關於這類子彈造成的傷害我們之後再說。槍械子彈速度從每秒 200 公尺到每秒 1,500 公尺不等，消音手槍專用的亞音速子彈（subsonic bullet）速度最低，大部分手槍的子彈速度在音速上下，平均每秒 370 公尺到每秒 460 公尺，步槍彈在每秒 800 公尺至 1,200 公尺之間，速度最大的是大口徑機槍彈和某些專用狙擊槍彈。黑火藥子彈發射的速度也很快，但是由於彈丸顆粒大，子彈非流線型旋轉前進等原因，距離反而很短。一般的槍彈傷是指子彈射中人體造成的傷害，通常分為五種：穿透性槍彈創、盲管性槍彈創、迴旋性槍彈創、反彈性槍彈創、擦過性槍彈創。下面我們來一一解釋一下。

由於現代的子彈威力都很大，所以穿透性槍彈創是最常見的，是指子彈打穿了人體，創部由射入口、射創管和射出口組成。射入口是子彈射入人體造成的傷口，如果垂直射入，傷口通常是圓形，直徑小於彈頭直徑，創口邊緣的皮膚內捲，中心部為圓形漏斗狀皮膚和缺損的皮下組織。如果彈頭傾斜射入人體，射入口呈橢圓形。由於子彈的威力太大，射入口無法合攏，創緣周圍因彈頭油垢或黏附的槍油、鐵鏽、火藥、煙灰等形成環狀擦拭圈。當彈頭進入皮膚，由於牽拉作用，子彈旋轉如蔡依林的舞孃，摩擦如約瑟翰的滑板鞋，會在射入口周圍會形成 1mm～2mm 寬的衝撞輪，又叫擦傷環（abrasion collar），周圍皮膚剛開始為鮮紅色，後因水分揮發而皮革樣化（parchment-like transformation），變成棕黃色。衝撞輪部位的組織出現環形表皮脫落，你可以想像一下月球表面的環形山。射入口周圍還有寬約 1 毫米的汙垢輪，又叫擦拭輪（grease collar），主要由油汙、鐵鏽和金屬碎屑構成，一般是灰褐色，在 X 光下會像夜空中最亮的星那樣明亮。如果挨槍子的人穿的衣服比較厚，那麼皮膚上的汙垢輪就會不太明顯，但是一定有衝撞輪。當近距離射擊時，創口周圍有未充分燃燒的火藥顆粒和灰色或灰黑色煙暈，皮膚也會有燒灼傷，毛髮也會跟著燒焦。有時因火藥燃燒不完全產生的一氧化碳，與射入口血液內的血紅素和肌肉中的肌紅素結合成碳氧血紅素（carboxyhemoglobin, CO-Hb），而使射入口周圍出現環狀的鮮紅色澤，所以說，防腐劑不是好東西，很多時候是因為有毒才能防腐的！

　　射擊距離越近，煙暈分布面積越小，火藥煙灰顏色越濃。遠距離射擊，則創口周圍沒有煙暈和火藥顆粒沉澱痕跡。手槍通常距人體 50 公分內射擊，步槍距人體 100 公分內射擊，會在衣服或皮膚上留下較明顯的煙暈和火藥顆粒沉澱痕跡。所以，金鋼狼大叔是不是有點小激動？只要皮膚和衣服上留下明顯的火藥痕跡，還是能在打官司的時候發揮一定的證明作用，前提是你千萬別抖衣服或者搓皮膚！當極近距射擊時（槍口幾乎貼著皮膚），槍口噴射的爆炸氣浪和高壓氣體竄入皮下，嚴重的會造成皮膚組織撕裂，形成十字形、星芒狀或裂隙狀創口，周圍會留下火焰的燒灼痕跡（電影裡的槍口噴火可不是鬧著玩的，是真的會噴火）。當槍口緊貼衣物或皮膚接觸射擊時，高壓氣體會使周圍皮膚隆起，形成圓形的槍口印痕，與槍口大小、形態一致，射入口一般略小於彈頭的橫斷面。

射創管是指彈頭穿入皮膚後繼續推進，從而形成管狀射創道。一般射創管道都是直線形的，並與射擊方向一致。只有當彈頭活動力減弱，同時又遇到骨組織（osseous tissue）阻礙時，彈頭改變方向，從而形成迴旋形槍彈創，這種迴旋形槍彈創會傷害多個組織，彈頭距離入射口較遠且不在同一條直線上，看來有時候離得太遠挨子彈或者躲在別人後面也不見得是好事啊！過去日本士兵和中國士兵拼刺刀時，都把子彈全部卸掉，有一個很重要的原因是為了防止打穿中國人之後傷到自己的同伴。如果射創道是直線形的，沿射創道引出一條直線，可以據此確定被害者與槍口的相對方向，進而推斷凶手射擊時持槍的高低位置和凶手的身高。

彈頭進入人體後又頂破皮膚穿出體外形成的創口是射出口。射出口是彈頭從人體內向體外硬頂出去形成的，所以形狀不規則，通常為裂隙狀、星芒狀和丁字形挫裂創，出血比射入口重。一般射出口都大於射入口，有些重機槍就號稱「拳頭大的入口，西瓜大的出口」。如果彈頭變形或有頂出的骨折碎片時，射出口會出現擴大或撕裂。射出口組織外翻，中心缺損，但皮膚能合攏。如果貫穿骨骼，那射入口是較小的圓孔，射出口是喇叭狀的大洞。傷口周圍無擦拭圈、衝撞輪、煙暈和火藥顆粒。如果彈頭穿過人體組織後，活力仍然很大時，也可能形成類圓形、橢圓形射出口伴隨組織缺損，這麼看來，子彈速度特別快的時候，反而是件好事。

　　如果子彈進入人體後留在體內，只有進去的洞，沒有出來的洞，這就形成了盲管性槍彈創，這種傷還要動手術把子彈取出來，比穿透傷更麻煩。有時候子彈也不是直接打到人，而是打中其他硬物（如鋼梁）再反彈傷到人，這稱為反彈性槍彈創。這種子彈彈頭往往已經變形，所造成的多是撞擊傷，射入口特徵也不太明顯。

　　有讀者或許會問了，子彈不都是撞擊傷嗎？其實不然，子彈的高速衝撞只是其中一部分作用，雖然很可怕（打到每秒 90 公尺就能造成骨折），但還不是最恐怖的。彈頭穿過人體水分較多的部分時，由於高速飛行會自帶壓力加成，瞬間壓迫周圍組織造成比子彈直徑大幾倍甚至幾十倍的空腔（air containing space），物理學上稱之為「暫態空腔效應」（cavity effect），經過短暫時間後空腔消失，只留下大片受傷的組織。如果打中胃、膀胱、心臟等位置，還會由於「流體靜壓作用」（hydrostatic pressure），導致這些器官破裂。所以啊，肉厚也抗不了子彈！

　　最後，還有一種非常幸運的擦過性槍彈創，只會在皮膚表面留下溝狀或者條狀的傷痕，也就是虛驚一場啦！如果在槍林彈雨中只是遭受擦過性槍彈創，運氣好到相當於買一張樂透就中了一億元，瞬間實現了人「生」的小目標。

　　子彈的速度和火藥有直接關係。發射彈頭的火藥有黑色火藥、無煙或少煙火藥。黑火藥是高中化學課經常提到的一種物

質，即用硝石、木炭、硫磺細末製成的火藥，呈黑色顆粒狀，在很多煙火鞭炮中也可以看到，老百姓在自己家裡也能做。發射時黑火藥燃燒不完全，火焰大，煙灰多，並殘留未燃燒完的火藥顆粒，自製獵槍、鳥槍等多用這種黑色火藥發射霰彈，不過這東西在短距離內還是很厲害的，即使槍膛裡是一根蠟燭，也能打斷幾公尺外的門板。不過，遠距攻擊才是現代戰爭的王道，這種烏煙瘴氣的東西顯然不符合我們現在這個高科技社會，因此用於發射現代槍支彈頭的火藥，是由火棉、硝酸甘油酯（硝化甘油）加上其他成分製成的。這種火藥燃燒完全，推進力強大、煙灰少、火焰小、聲音小。現代槍支多用這種無煙、少煙火藥提供發射動力，而且火藥就放在子彈殼裡頭，用擊針（firing pin）一戳就能引爆，方便又環保。

　　子彈的速度還和槍膛構造有關，早期的槍膛是非常光滑的鐵管，被稱為滑膛槍（smoothbore gun），射出來的一般都是圓形的鐵球（就是你在海賊題材電影中經常能看見那種），攻擊距離非常有限，如果用它發射圓錐形子彈的話，子彈甚至會在空中翻跟斗。於是膛線槍（rifling）就逐漸走上了歷史舞臺。槍膛內帶有膛線的火槍最早誕生於 15 世紀初的德國，但當時還只是個直線形的溝槽，這是為了更方便地從槍口裝填彈丸。義大利最早在西元 1476 年就已有螺旋形線膛的槍支（膛線的樣子請看詹姆士·龐德系列電影片頭的槍口），螺旋形膛線可使彈丸

在空氣中穩定地旋轉飛行，提高射擊準確性和射程。由於「膛線」英文為 rifle，所以也音譯為「來福」。17 世紀初，丹麥軍隊最先裝備使用了來福槍。但由於來福線製作成本高和從槍口裝填彈藥不便，所以許多國家的軍隊不願裝備使用有螺旋形膛線的槍。後來南亞的蒙兀兒帝國（由蒙古人統治）開始大批量生產來福槍，並在印度人的起義戰爭中大放異彩。從傷口的痕跡可以看出，發射子彈的槍用的是哪種火藥、是滑膛槍還是線膛槍。當然，要確定何類槍支和具體哪一支槍射擊，最重要的工作是在現場和屍體上仔細尋找槍擊後留下的彈殼和彈頭，請彈道技術相關專家進行鑑定。

　　進行槍彈創相關法醫學鑑定，主要是為了解決以下幾點問題：發射角度和方向、發射距離、損傷程度和死因、槍支認定、案件性質分析。前兩點我們已經講過了，後三點還需要解釋一下。法醫在面對被「認為」是槍殺的屍體時，需要透過解剖查明損傷部位、性質、程度，來確定具體的死因（真的死於槍殺還是其他原因）。槍支認定主要依靠子彈殼底端的擊針痕跡和彈頭上膛線的劃痕 —— 這就像是槍的指紋一樣，每一把槍由於磨損程度不同，在子彈上留下的痕跡也有區別。最後最重要的，就是判斷這是自殺案還是他殺案了。

　　目前，大部分槍機案件都被法醫認定為他殺，這種案件中受害者被射擊的部位沒有固定特性，以胸腹和頭部較多見，約

70%他殺只有一處槍傷，亂槍打死必定是少數，子彈也是要錢的啊！如果是自死者背側的射擊、較遠距離的射擊和多發性射擊，一般就是他殺了，自己開槍打自己後背或者從遠距離打自己似乎太不符合人體工學了。自殺的中彈部位基本都在頭上，最多的是太陽穴（最順手的地方），其次是前額，有些不願意毀容的人會打自己的左胸，其他自殺的射入口也可能見於枕部、下顎、口腔、外耳道和鼻孔，其他部位就比較少見了。自殺大部分都是貼著皮膚進行接觸射擊或近距離射擊，自殺所用槍支以手槍最為常見，一般都掉在屍體附近，甚至由於死後抽搐（cadaveric spasm），死後槍仍緊握在手中。此時持槍手上常有火藥煙暈、火藥顆粒和噴濺狀血點，必要時可用化學方法顯示。若是凶手殺人後將凶器手槍放在被害人手中偽裝自殺，就算經驗不豐富的法醫也會發現手槍握得不緊，而且持槍的手上也不會有上述火藥作用的痕跡（早在宋朝，法醫宋慈就發現過類似的一例偽裝自殺案，不過凶器是匕首）。自殺時通常只有一處槍傷，但也有在一次射擊末死時，再次射擊而死的情況，比如沒打中大腦而把腮幫子打裂了，甚至兩次射擊在不同的部位，如腦和心。一般來說，射擊方式愈奇特和複雜，就愈可能為自殺，這與用其他方式自殺時一樣 —— 如用長槍打自己口腔自殺的人，就只能用大腳趾扣扳機。另外還有一種意外槍彈創，單純從損傷性狀上往往很難與他殺槍彈創區分，但若結合

現場和案情，就不難鑑別兩者了。另外，子彈沒有彈頭的時候也是很危險的，射擊時如果槍口緊密接觸致命部位（如左胸心臟前），也可能單純因火藥燃燒後衝撞震盪作用而致人於死（這就類似於爆炸傷了），目前已有這類案例報告。

　　除了典型的子彈傷害之外，還有一種霰彈槍也能傷人。獵槍或土質火藥槍都屬於這一類，能對人造成霰彈創。獵槍的子彈主要由鉛銻合金構成，火藥槍的子彈不拘一格，可以是鉛彈、鐵砂，也可以是碎鐵渣、碎玻璃、鐵釘甚至碎瓦礫等。由於獵槍和火藥槍通常用黑火藥引爆，煙灰多、相對威力小，彈丸呈圓錐狀散開（想像一下打鳥用的那種喇叭口火銃），所以霰彈創通常會附著很多火藥微粒，形成多個彈丸創，一般都是盲管性的。其他還有很多非典型的槍彈傷，由於槍彈種類實在是太多，在此就不一一描述了。

　　槍械雖然恐怖，但是人類並不滿足，還發明了更恐怖的武器 —— 各種炸彈！炸彈有多恐怖？從名稱就能看出來，中文裡把很多炸彈都稱作「雷」，比如手雷（手榴彈）、地雷、水雷等。

　　爆炸傷就是由爆炸物爆炸形成的多種複合損傷，研究爆炸傷的形態有助於推斷爆炸物與分析爆炸性質。我們先科普一下爆炸的概念：廣義上的爆炸分化學性爆炸和物理性爆炸兩類，雖然都是在密閉空間引起的劇烈震動，但前者主要是由炸藥類化學物引起，後者則由鍋爐、氧氣瓶、煤氣罐、高壓鍋等超高

壓氣體引起。局部空氣中有較高濃度的粉塵，在一定條件下也會引起爆炸，所以麵粉廠、製糖廠等地方都嚴禁明火。有些調皮的人一邊抽菸一邊用麵粉打仗也會引起爆炸。在法醫的實際工作中，我們最常見的是炸藥類引起的爆炸。炸藥裝填在硬質的容器內製成的爆炸物，如各類炸彈、炮彈、手榴彈、地雷等，其破壞殺傷力較單純的炸藥要大，我們在很多電影當中都能看到，茶壺、鐵桶、易開罐、玻璃瓶等，都可以做成簡易炸彈。不管是什麼炸藥，都要經過引爆才能爆炸，引爆的方式有很多種，常見的如雷管（detonator）、導火線，甚至直接用明火或電流裝置引爆。還有一些特殊炸藥有特殊的引爆方法，比如硝化甘油，就是耐絞寧（救心丸）當中的那種物質，經過震動就會爆炸。有人或許會問，那我吃藥的時候它怎麼不爆呢？救心丸含在舌頭下面會有灼燒感，但是 0.3% 的硝化甘油不會引起。各位可千萬別在家裡玩硝化甘油，研究這玩意兩輩子的炸藥大王諾貝爾（他爸爸也研究這個）就是因為它，一不小心把自己的親弟弟給炸死了。由於硝化甘油這種特殊的引爆機制，諾貝爾還把它用於槍彈的無煙火藥當中，記不住這個名詞的讀者朋友請往前翻書看槍彈傷的部分。由於硝化甘油的性質非常活潑，所以接觸強氧化劑、活潑金屬粉末和強酸等，或者受熱時，也會發生爆炸，所以不建議在家裡保存這種東西 —— 現在工業上一般把它用於開山築路，可以想像它的威力有多大了吧！

　　炸藥爆炸後會產生 2,000℃～4,000℃的高溫和每平方公分數萬公斤的高壓。爆炸物爆炸產生的氣體以每秒 3,000 公尺～8,500 公尺的高速將爆炸物碎片向四周擴散，這個速度比子彈快多了。同時，爆炸瞬間產生的巨大能量憑藉周圍空氣迅速向周圍傳播，形成高壓震波（shock wave）。以上所有的特徵，說明了爆炸可以產生的巨大破壞作用，不僅會使爆炸作用範圍內的人發生嚴重損傷，而且使地面和建築物等也受到巨大破壞。離爆炸中心愈近者，爆炸傷也愈重。爆炸物一旦引爆，會釋放出巨大的能量，以高溫高壓的形式向四周傳播。爆炸傷的特點是程度重、範圍廣且有方向性（爆炸能量由引爆中心向四周輻射），兼有高溫、鈍器或銳器損傷的特點。距離爆炸中心較近的人，還會出現炸碎傷（組織缺損）和炸裂傷（無組織缺損），彈片傷和爆炸物傷也是常見的。爆炸所引起的高溫和火焰會對人體造成灼傷和燒傷，通常出現在面對爆炸中心的體側，根據燒灼傷的程度可以估算爆炸時死者的位置：位於爆炸中心和其附近的人，常常會被炸成好幾部分拋到遠處，燒傷程度也嚴重；離爆炸中心遠一點的人，則燒傷程度不一定很重，其特點是損傷分布於朝向爆炸中心的身體一側，損傷類型主要是由炸裂爆炸物外殼、爆炸擊碎的介質作用於人體所形成的各種創口，創周圍常有燒傷，並伴隨嚴重的骨質和內臟損傷；離爆炸中心較遠的人，主要受到的是震波損傷。

爆炸產生的震波傷，對人體有很強的破壞力，特點是外輕內重（個別時候甚至體表不見損傷，或體表僅見波浪狀形狀的挫傷和表皮脫落），體內見多發性內臟破裂、出血和骨折等，重者也可能見挫裂創和撕脫傷，甚至體腔破裂。向爆炸中心一側損傷嚴重，另一側損傷較輕。震波幾乎發生在所有種類的爆炸當中。震波並不是科幻電影的那些超能力，而是一個非常複雜的物理學概念，簡而言之，就是當物質膨脹速度超過音速的時候，就會產生一種波峰不連續的震盪波，威力十分強大。震波不僅有爆炸波，還有彈道波（ballistic wave）、雷擊聲甚至飛機轟鳴等（在超音速飛機飛行超過音速的時候，會明顯發現飛機周圍出現一圈空氣爆炸，這就是穿越「聲音屏障」的效果）。在距離較遠的情況下，震波傷也會造成衣物撕裂、大面積擦傷、皮內皮下出血、多處臟器傷等。在明朝天啟六年（西元 1626 年）的王恭廠大爆炸和 1908 年西伯利亞的通古斯大爆炸（Tunguska event）都出現過類似的情況，幾公里外的人和物體都被掀翻，這兩次爆炸（和 4,000 年前的印度死丘事件並稱為世界三大神祕爆炸，由於死丘事件沒有目擊資料因此不多描述）的原因至今還是謎團。

　　爆炸還有一些附加的傷害，如拋射物（比如爆炸物附近的石頭）砸人造成的拋射傷，把人從高處震下來或把人震飛到空中再掉下來的拋墜傷（天啟大爆炸時皇宮有 2,000 名左右正在

高處工作的工匠死於拋墜，人體受的能量相當於爆炸物的能量加上人體自由落體的動能），以及建築倒塌等情況造成的繼發性損傷（secondary injury）。

　　被炸死的人，如果是面向爆炸中心，由於爆炸的強光，會出現閉眼反應。這時候此人的雙眼緊閉，眼角、眉間和鼻子根部會形成褶皺，這些褶皺當中一般是沒有煙塵或燒傷的，這種反應能區別此人是生前被炸死還是死後才被炸的。當然，也不是所有的爆炸都能讓人來得及閉眼睛。根據日本的資料，當原子彈爆炸時，很多在遠處看原子彈的人眼睛瞬間被燒壞，留下兩個燒焦的窟窿；位於爆炸中心的人直接被炸成骨灰……

　　爆炸案件在勘察現場的時候，首先要確定的是爆炸中心，然後要確認死者的位置、姿勢和衣著情況，仔細做好紀錄。還要根據目擊者（如果有）的口供證明，結合現場勘查結果和屍檢報告進行綜合分析，最後確定這是自殺、他殺還是意外。有些凶手（尤其是恐怖分子）會利用爆炸手段殺人同時又自殺，他們常是位於爆炸中心處、損傷最嚴重的人。當遇到有多人同時在爆炸中死亡或支離破碎者，又需進行個人辨識。法醫在屍檢時，應注意提取現場的爆炸殘留物、尋找可疑引爆物，送相關技術人員鑑定，以分析爆炸物和引爆物的種類、包裝和引爆的方法等，從而為爆炸案件的偵破提供線索和證據。萬一現場還有殘留尚能引爆的爆炸物，要十分小心。

這麼可愛一定不能亂碰 —— 動物咬傷

　　說完了火器傷，接下來我們來說些生活中多發的傷害 —— 動物咬傷。很多人覺得動物們是很會賣萌的，所以不用害怕，但是被動物咬傷的案件從來都不少。動物用牙齒攻擊和代替手進行某些活動是天性，即使是被馴服的動物，牙齒還是很利的，也難免在嬉戲過程中對人造成傷害 —— 皮糙肉厚的大男人尚且經不住貓狗咬著玩，更別提皮膚吹彈可破的小孩子了。這就是為什麼建議不要把孩子和貓狗放在一起的原因，即使寵物們平時很聽話，還是有一定的危險性。小孩子難免「招貓逗狗」，成年人被逼急了都會暴露出原始的本能來咬人，更何況是動物呢？在此，喜歡毛小孩的讀者請不要和我辯論動物和人到底誰更有「人性」，離題啦！

　　咬痕是人或動物將上下顎作用於人體或其他物體上並進行切磨、撕扯造成的，由於動物種類實在是太多了，有牙齒的動物都能對人造成咬傷，所以我們只能選擇性地挑幾種動物來講。第一種造成咬傷的動物，是在所有刑事案件中最常見的，屬於脊椎動物門哺乳綱靈長目人科人屬智人種 —— 就是我們人類啦！之前在提到鈍器傷的時候我們提過咬傷，雖然它也是一種特殊的鈍器傷，但是由於實在太特殊，我們不得不單獨拿出來說。我們前面在談用牙齒鑑定身分時介紹過，人類的牙齒咬合力比一般的家犬還要高，但是人類沒有突出的顎部，因此

嘴用起來不是很方便。功夫明星李小龍就說過，關鍵時刻就是要用牙齒咬，可是不能總想著一上來就用牙，那樣你只會被人打斷牙齒，所以咬痕一般不會單獨出現，而是摻雜在其他傷痕當中。人的嘴這麼短，咬肌也越來越退化，可是真的打起來，往往顧不上什麼南拳北腿，都是打架如親嘴，兩人貼身撕扒起來，看見不平一聲吼，該出口時就出口 —— 所以人被咬傷的部位普遍都是「不平」的地方，比如腮幫子、鼻頭、耳朵、肩膀、手指，由於人體各部分形態各異，皮下組織厚度和皮膚鬆弛度以及咬人者的位置、力度和方式都不同，所以咬痕可以有各種形態。一般咬痕呈基本對稱地分布在對應的兩側面上，幾個牙印以對稱的半弧形構成圓形或橢圓形，上、下顎牙形成的咬痕不融合；嚴重者組織或器官部分缺失。

　　由於人類的牙齒分化比較明顯，分為門齒、犬齒和臼齒，不同部位的牙齒及牙列形成的咬痕是有區別的。一般情況下，由於大幅分人的牙齒都是上面比較大（除了某些嚴重地包天的人），上顎牙咬痕較下顎的大而長，且損傷也重；上顎牙排列較下顎牙鬆散。當咬的傷口比較小的時候，只有上下顎中部的門齒會在皮膚上留下痕跡：上顎中門齒牙冠較大，切面較薄較直，形成相對較長的一字形咬痕；下顎中門齒牙冠較小，切面也是又薄又直的，長度僅為上顎中門齒的三分之二，形成相對較短的一字形咬痕。犬齒切緣部較尖，反映在咬痕上為1個牙尖印，

類似較尖的硬物擠壓傷。如果是雙尖牙，則形成頰面、舌面 2 個牙尖印。長在靠後部位的臼齒有 4 ～ 5 個牙尖印，呈方形分布，但由於人的嘴並不突出，通常臼齒較少形成咬痕。

人類牙齒的咬傷在兒童和女性為主的鬥毆案件中比較普遍，在攻擊和防禦時均可能形成。牙齒是人體的身分證，考量到不同人牙弓形態、牙的排列和疏密以及生理、病理變化的不同，加之又會有牙的修復、脫落等變化的影響，所以咬痕具有良好的個體特異性，可以作為良好的司法證據。

但是！一般輕微的咬痕僅會在皮膚上留下些微的痕跡（通常是條狀皮膚壓痕，個別牙齒非常「崎嶇」的人除外），並很快消失（可以想像小朋友們在手臂上咬「手錶」玩），這就很難作為證據了。稍重的咬痕形成皮下出血（就是出現短時間難以消失的血斑狀牙印），有時候伴有擦傷；更重的咬傷會使皮膚的完整性遭到破壞，形成挫裂創甚至組織器官缺損，創緣不整齊。由於人牙齒的結構特徵，咬痕一般由兩道形態相似、基本呈軸對稱的傷痕組成，由於人嘴大小的限制，兩條牙印之間的距離通常不超過三橫指（4 ～ 5 公分左右）。咬痕通常是由最靠外部的三四顆門牙構成，因此可以透過咬痕知道這個人的牙齒形態，甚至推測出他做出標準微笑時會呈現出什麼樣子。

由於咬痕有時候恢復得快，所以當法醫遇到咬痕的時候，首先要提取咬痕表面的唾液斑，準備做物證檢驗、個體認定。

如果是隔著衣物形成的咬傷，應用紫外光檢查衣物上有無唾液斑或其他非肉眼可見的痕跡，唾液可以作為識別身分的證據。其次是加比例尺對咬痕進行拍照固定，對於曲面皮膚上的咬痕，應採取立體拍照，從多角度展現咬痕的特點。但是這還不夠直觀，法醫們還要以最快的速度，用石膏液或矽膠採集咬痕印，並翻模還原。矽橡膠製作的模型有很多優點，成形後無氣泡，特徵反映細膩，不怕潮溼、震動，韌性強，方便攜帶和保存，或許這就是為何現在很多玩具廠商都用矽膠模擬人體的緣故吧！如果是屍體上的咬痕，通常都是活著的時候被咬的，即便有人重口味咬屍體，但死者被咬後傷痕會長時間保留，應取下相應部位皮膚，用10%福馬林液（就是生物實驗室泡標本的那種藥水，有些黑心商人用它來泡魷魚之類的海鮮）固定保存。最後，如若發現嫌疑人，要用藻酸鹽（alginate）、橡膠等採取嫌疑人牙齒模型，以供比對。比對咬痕時，首先要確定咬痕的方位、顎的類型與牙位以及咬痕特徵，再與嫌疑人的牙模進行各方面比對分析，從而做出認定或否定的結論。法醫有時候會用日本學者提出來的記點測量法來進行計算對比，如果各個參數吻合，則可以判定牙齒的主人。不過人的咬傷通常不會致命，除非咬到脖子，這倒是比較值得慶幸的。透過觀察和測量咬痕的形態、弧度以及相互的對應關係，分析其大小、位置、間距、角度、形態、著力點等，可以做到最大程度地還原案發情況。

值得注意的是，人自己也能咬自己，如常見的掐死、勒死和
捂嘴等案例，死者很可能把自己的舌尖、舌緣、頰部、唇黏膜咬
傷，也有不少案例是把自己的前臂咬傷偽裝他傷（這種偽造者好
像有點傻，不知道牙印和指紋是一樣的），應注意加以區別。

　　說完了人類的咬傷，接下來我們就要說一些關於狗咬傷的
知識了。由於狗是人類最親密的朋友，任何城市、鄉鎮、村莊
都能看到家犬或流浪狗的身影，就因為動物數量多，傷人的案
件所占比例也大，所以狗咬傷比其他各種咬傷加在一起還要
多，各位一定要多加注意。人被狗咬傷按照程度可以分三級：
一級是觸摸狗或被狗舔了無破損的皮膚，通常不用注射疫苗，
但也有個別的倒楣蛋中招。二級是未出血的皮膚咬傷或抓傷，
見了紅印，但是血沒有流出來。已破損的皮膚被狗舌頭舔及，
應按咬傷處理，及時接種疫苗。三級是指一處或多處皮膚出血
性咬傷或抓傷。被可疑的瘋動物唾液汙染黏膜後，應當立即
接種狂犬病疫苗、抗體血清或免疫球蛋白（immunoglobu-
lin）。狗咬傷其實本來並不一定會多嚴重，最可怕的是狗的唾
液中可能含有狂犬病毒（rabies virus, RABV）。

　　狂犬病毒入侵人體的方式有很多種，不僅像剛才所說的三
個等級的咬傷，還包括：宰殺患病動物或剝皮時的感染；被患
病動物舔肛門；接觸患病動物排出的有毒汙染物；和患病動物
接吻導致口腔黏膜感染；和患病動物吃喝同一食物導致消化道

感染；吸入患病動物呼出的飛沫接觸導致呼吸道感染；照顧攜帶病毒的病人時，病毒隨著病人唾液感染護理人員的手，再感染其傷口；母嬰感染等。筆者在提到感染源的時候，特意用了「患病動物」這個詞，而不是是單單說狗 —— 其實，狂犬病毒不僅寄生在狗的體內（雖說狗是最主要的宿主，這個鍋還是讓狗自己背著吧），貓、猴子、蝙蝠甚至齧齒動物（*Glires*）都可能成為帶原者。按世界衛生組織動物接觸分類標準，那些不幸被狂犬病毒感染的受害者中，6.3%僅與動物發生一級接觸（即觸摸或飼養動物，或被動物舔舐完整的皮膚），30.4%為二級接觸（即造成輕微破損或無出血的輕微擦傷皮膚），63.3%為三級接觸（穿透性的皮膚咬傷或抓傷、黏膜汙染）。換句話說，接觸動物當下或過後皮膚的損傷程度越高，狂犬病的發病機率就越大。

　　讓整個地球人的都聞之色變的大名鼎鼎的狂犬病毒，在顯微鏡下看，呈子彈形，一端比較平，一端凸起，直徑 64 ～ 80 奈米，長度 130 ～ 240 奈米。和大部分病毒一樣，這種病毒也是很容易完蛋的，害怕日光、紫外線、酸、鹼、超音波、高濃度酒精等，在 100℃熱水中兩分鐘就會死亡，甚至 0.01%碘液和 1% ～ 2%的肥皂水都能殺死它們，但它在冷凍或凍乾狀態下能長期保存。別看狂犬病毒這麼脆弱，一旦進入人體，它攻城掠地的能力可不是蓋的。這種病毒特別容易入侵神經系統，主要出現於患病動物的延腦（medulla oblongata）、大腦皮

層、小腦和脊髓中，並透過唾液從咬傷處和黏膜傳播。進入人體後，會先從末梢神經處瘋狂繁殖，再進攻中樞神經系統，向周圍神經離心性擴散，侵入各組織與器官，其中尤以唾液神經核（nerve nuclei）、舌咽神經核和舌下神經核受損為甚。發病者臨床上會出現恐水、怕風、呼吸困難、吞咽困難等症狀，因此狂犬病又叫恐水症。特殊的恐水症狀表現在飲水、聽到流水聲時，均會引起嚴重的咽喉肌痙攣，不知道患者尿尿的話會不會被自己嚇到。

狂犬病毒會使神經細胞腫脹、變性，形成以神經症狀為主的表現，如痙攣、麻痺和昏迷等。唾液分泌和出汗增多乃交感神經受刺激所致，而迷走神經節、交感神經節和心臟神經節受損時會引起病人心血管功能紊亂或呼吸麻痺、器官衰竭，最終突然死亡。解剖後會發現感染區域肌肉變成暗紫色，肌纖維腐朽。病人發病前會經歷一段潛伏期，運氣好的能潛伏一年以上，運氣差的不到一週就發病了，大多數維持在 1～3 個月之間。如果是小孩被咬到（任何毒性的傷害情況都與毒藥劑量和人體重的比例有關），那發病也會快一點，如果你的身材恰好和孩子接近，那就只能抓緊時間治療了。由於狂犬病毒愛攻擊中樞神經系統，說白了就是大腦司令部，所以頭面部被咬傷的潛伏期最快，腳趾頭被咬傷的人們會幸運一點。另外，傷口深、清創不徹底的人，也容易導致潛伏期短。一旦發病，整個

病程進展會非常急促，從發病到死亡，只要 2 天到 1 週時間，到時候就算你再練過氣功什麼的，哪怕是歐陽鋒在世，也不可能把病毒逼出來了。發病的時候，人會陷入瘋狂的狀態，這時候也會咬傷其他人，並再次傳播病毒。筆者小時候看過一則新聞，國外一男子被瘋狗咬傷，發病後咬傷另一名路人，更可怕的是，他咬破自己嘴唇留下的血被二十多隻馬路上尾隨的狗舔食，造成狂犬病毒一連串的瘋狂傳播，最後警察叔叔只能將所有事件現場的狗全部射殺。

　　狂犬病毒在世界範圍分布廣泛，而亞洲和非洲的農村地區是重災區（有資料顯示，98% 的死亡事件都發生在亞洲，因為非洲的農村不怎麼養狗），每年有 55,000 人感染狂犬病，一旦發病百分之百會死，算起來每 15 分鐘就會有一個亞洲人死於狂犬病，比毒蛇、鯊魚、鱷魚、獅子、黃蜂、河馬、大象、熊加在一起造成的人類致死量（一年也不到 100 人，不足一個零頭）都多得多。死者大多數是年齡小於 15 歲的青少年。國外一項人類狂犬病流行病學調查中提到，該國狂犬病高發區觀察到的 711 個病例中，91% 的病例是被犬隻攻擊的。所以孩子不能和動物靠太近，不能靠太近，不能靠太近！重要的事情說三遍！

有人說，我家的狗狗很健康，也非常注重衛生，這樣也會攜帶狂犬病毒嗎？關於健康犬是否會傳播狂犬病，在國際上如同「甜鹹豆花哪個好」一樣，至少已爭論了 50 多年。在多個研究中發現，外觀健康犬的腦組織中，約 3.7%～ 17.9%的樣本照樣能檢測或分離到狂犬病毒。但另外一些科學家堅持表示：你們的實驗有瑕疵！只不過是不同檢測方法所得的不同結果而已。不管健康狗是不是真的健康，反正世界衛生組織非常重視狂犬病的傳播，並要求一個地區的疫苗覆蓋率達到 70%以上，這樣才能有效控制狂犬病。所以，和動物玩耍時一定要多加小心，被咬傷後，一定要先用大量的肥皂水沖洗傷口，然後不要包紮，快速去醫院接種疫苗，別心疼錢，保命要緊！

　　這時候喜歡其他動物的朋友可能不高興了，我們主要講的是機械損傷，你說這麼多病毒的做什麼？好，接下來就應該

輪到其他動物出場了。一般來說，動物越高級，對人體的機械損傷就越嚴重，主要表現為體表皮膚、皮下的廣泛撕裂創，並伴有骨折及內臟器官的損傷，臨床表現為失血性休克的一系列症狀。動物損傷的部位與動物的大小和人的身高有關。一般而言，動物越小，損傷就越容易出現在下半身（會飛的動物和樹棲動物除外）；動物越大，受傷部位就越靠上。動物傷人的方式主要包括啄傷、咬傷、抓傷、足蹄傷和其他形式的撞傷。但是值得注意的是，有時候小動物也容易造成重傷，尤其是看似無害的家養動物。當人們蹲下來和牠們接觸的時候，就容易造成上半身的重傷，國外就發生過 3 歲女童被公雞啄瞎眼的事故。部分被動物傷害的人們事後會出現精神障礙，形成相應的恐懼症（phobia）—— 即我們常說的「一朝被蛇咬，十年怕草繩」。因此，我們一定要保護好孩子們，一定要嚴格地限制他們與動物接觸，同時管好自己養的寵物！

　　那麼，如果發現了一具疑似被狗咬死的屍體，應該怎麼判斷呢？首先從傷痕上看，死者的損傷分布沒有規律，大多比較表淺，其中大多數是瀕死傷或者死後傷，且都是成對出現的，出現的部位有的人為不好形成，甚至難以形成。死者的體表損傷創緣整齊，創角銳利貌似銳器傷，但創壁不平，創腔內狀況不符合銳器傷，應該是較尖銳的物體切割皮膚後擠壓、撕扯所致。損傷的形成有先後之分，既有皮擦傷，又有多處創口，皮

擦傷在前，創口在後，較大的創口可以是貫通的，創腔內可見肌肉組織分離，肌肉纖維切斷不在一個面上，而且相對凌亂、參差不齊，有句成語叫犬牙交錯，用在這裡正合適。死者頸動脈通常是橫斷的，斷面較齊，像是水平用力垂直離斷特徵，頸動脈旁的迷走神經會出現撕拉狀斷裂。因為狗咬人的傷痕兼具鈍器傷和銳器傷的特點，所以有人稱之為「撕咬傷」。另外，死者所穿的外衣上會有多處對稱的點狀或短條狀的印痕（甚至可能造成衣服撕裂），印痕表面比較光亮，相應部位的屍體上有相應的損傷，因角度不同、施力大小不同，故形態也各異，損傷程度也不同，很難偽造。死者表皮還會出現間隔約 1 公分的平行劃痕，通常三道一組，與人指甲劃傷有明顯區別。狗也不像人那樣會偽造作案痕跡，所以現場會留下梅花形的腳印，如果是血腳印就更利於破案了，當然還有狗毛。最後，一定要進一步查找狗是否有主人，以判斷牠在案件中是作為凶器還是元凶出現。

除了狗之外，其他家養動物，如馬、驢、牛、羊、豬、駱駝等，也容易對人造成咬傷，而且通常會更厲害，你看看牠們腮幫子的肌肉有多麼強壯就不難想像，可千萬別以為人家是草食性動物，咬合力就會比較弱。我們以名聲不太好的豬為例子，來分析一下豬咬傷的特徵：豬是以吃草為主的雜食性動物，其牙床呈「[」形，上門牙呈柱狀，雄性有犬齒，長而尖且十分發達，有的露出口腔外。犬齒是豬類動物有別於其他草

食性動物的重要特徵（大象的長牙是門牙），目前現存的有蹄類（*Ungulata*）動物中，只有豬和近親河馬擁有粗大的犬齒（香獐子那種賣萌的就放過牠吧）。因此，豬咬傷創口與其牙床形狀類似，邊緣不齊。由於尖牙銳利，可能形成深部軟組織的多處嚴重損傷，部分肌組織會被撕扯成條狀，部分皮膚、肌組織缺損，創緣會形成多個皮瓣。跟其他草食性動物一樣，豬在咬合時還有撕扯動作，因而牙齒咬合產生的印痕不明顯，這便形成了豬咬痕的又一個形態特徵。另外，由於豬的特徵，因此法醫遇到疑似豬咬傷的案件時，需要對咬傷創口的附著物進行檢驗，創口周圍及死者衣物上可見豬的汙黑色糞便，且成分與豬圈內的汙泥相同。

　　除了家畜這樣相對龐大的生物，一些小動物也會咬傷人，比如老鼠。老鼠有一對強大的門齒，沒有犬齒和前臼齒，有臼齒三對，門齒與臼齒之前有寬闊的間隙。鼠咬痕的形態特徵一般表現為：創口不大，通常只有幾公分，創緣極不規則，有鋸齒狀的小齒痕，傷口很淺，其深度一般僅達皮下筋膜。鼠咬痕的部位也有一定特徵，多集中於顏面部，如眼睛、口唇、鼻尖、耳廓等比較適合老鼠下嘴的部位，其他身體裸露部位，如手指、腳趾甚至裸睡時候的生殖器等，也可能被老鼠咬傷。通常老鼠咬傷都是死後傷，如果死者死在衛生條件不太好的環境中，短時間內又無人發現，就很可能出現這類傷痕，死後傷的組織收縮、局部腫脹都不明顯，且創面乾燥無明顯痂皮形成。

如果你在某些熱帶雨林或者類似的環境中露天睡覺，還有可能會被一些小吸血鬼攻擊，牠們就是吸血蝙蝠。吸血蝙蝠主要分布在美洲，是群居動物，牠們白天潛伏在洞中，等到午夜前飛出山洞，常距地面 1 公尺左右低空飛行搜尋食物。牠們的個頭都很小，體長不超過 9 公分，體重一般不超過 30～40 克，但是食量很大，吸的血的重量能超過身體的一半，個別貪吃的甚至能吸和自己體重相當的血液然後再繼續飛。不過血液這種東西刨除水分也沒多少乾貨，吸血蝙蝠的腎臟會快速濃縮血液，所以吃飽之後牠們會一邊飛一邊大量排尿（這可真是太討厭了）。回到洞裡之後，牠們會倒掛在高處繼續消化，之後排出氨水味的特殊糞便。所以如果你來到哪個山洞口，聞到這種很濃重的味道，千萬別進去了，說不定你就成了送上門的美食。

　　由於吸血的緣故，牠們的頭骨和牙齒已經進化得相當有特點，牙齒數量不多，但是一對上犬齒特別發達，像刀片一樣鋒利，方便割開受害者的皮膚，然後用舌頭舔血。不同種類的吸血蝙蝠喜歡的食物來源也不同，有喜歡吸鳥類的，也有喜歡吸哺乳動物的。牠們的口水中有抗凝血的物質，會讓你的傷口流血不止，如傷心的眼淚一樣一直流到天亮。這小傢伙還非常賊，如果被吸血的動物發現了要掙扎，牠們會立即飛開或跑開（沒錯，吸血蝙蝠是會逃跑的！不像其他大部分蝙蝠只能在地上慢慢爬）。通常吸血的位置都在皮膚較薄、毛髮稀疏的地方，比如雞冠、雞腿、豬肚、動物的肛門和生殖器等處。對於那些

在吊床上睡覺的人來說，咬傷部位通常集中在眼皮、口唇、耳朵等處，傷口一般只有米粒大小，但是大片的血汙還是會在早上嚇人一跳。這些小傷口雖然不致命，但是吸血蝙蝠本身攜帶很多病毒和寄生蟲，讓被咬的人畜感染狂犬病毒、日本腦炎病毒、伊波拉病毒、SARS 病毒、瘧疾和錐蟲病等。所以，千萬別小看那些不起眼的小動物啊！

　　人類皮膚太脆弱，沒事別亂調戲動物，即便你不把牠們當朋友也別胡來，人家在自然界中打滾了這麼久，想傷害你也是幾分鐘的事，人類可不全都是《荒野求生秘技》（*Man vs. Wild*）裡頭的貝爾（Bear）啊！

天公伯生氣了 —— 自然界傷害

　　時間是 2014 年 1 月 16 日，巴西里約熱內盧科科瓦多山（Corcovado，又名駝背山、基督山）上，身高 38 公尺的耶穌巨像雙臂大張，臉上充滿堅毅，面對即將來臨的暴風驟雨，歸然不動，彷彿在說：「來啊，互相傷害啊！」只見一道閃電，隨即傳來空氣和岩石炸裂的聲音，耶穌像的右手被劈殘，空中彷彿傳來更加不可抗拒的聲音：「I am your father!」這場《星際大戰》一般的天地大 PK 結束後，耶穌同志借在場的神職人員之口解釋：他已經習慣被這樣對待了，除了被釘上十字架那次，巴西的耶穌像每年都要被雷劈三四次。

從上述故事我們可以得知，雷擊是如此頻繁，而且殺傷力巨大。普通人因為個子較矮小，直接被雷劈中的機率不是很高，但上帝一旦降下天雷來，那可是無差別攻擊，所以千萬別下雨天在戶外作死，躲在大樹或者電線桿旁邊，那麼你就是個活的電容瓶。那位下雨天用鐵絲放風箏的班傑明‧富蘭克林先生因為政治家特有的警惕性沒有玩得太過火，手還不敢直接摸鐵絲。可是第二年（西元 1753 年），一位住在俄羅斯帝國的德國物理學家里奇曼（Georg Wilhelm Richmann）模仿彿蘭克林做類似的實驗，想用鐵竿把閃電引到屋裡，結果當場被電死，里奇曼的一位同事還是不滿足，在里奇曼下葬後不久，力排眾議再次實驗，最後終於 —— 也被電死了。短時間內被非全職從

事科學研究的美國政客間接害死了兩名科學家，不知道美俄矛盾是不是從這時候就開始了。

　　在此不得不嚴肅的說，大自然擁有最恐怖的力量，比人類的任何武器都要厲害，非常值得地上的人民敬畏。本章我們就好好談談雷擊傷、凍傷、熱死等無凶手但是非常嚴重的傷害。看完之後，希望你能多加小心，更加謹慎地對待上帝的憤怒。

雷公出巡

　　雷擊是雷雨雲產生的強烈的放電現象，簡單來說，就是高壓電擊穿了雲層與地面之間的空氣（雲層與雲層之間也會放電，但是影響不到地面就不在雷擊傷的考慮範圍了）。要知道小號電棒打出藍色電火花時，擊穿那 1 公分的空氣就要幾萬伏特，高的有 300 萬伏特，那麼請猜猜看，想擊穿從雲層到地面的空氣（雖然是降雨前溼潤的空氣）需要多大的電壓？人類並不是耐電的動物，安全電壓只有 36 伏特，持續接觸的安全電壓是 24 伏特，安全電流為 10 毫安培，超過這個數值就容易發生意外。可是閃電的電壓高達 1 億～ 10 億伏特，電流高達幾萬安培，打在人身上，不能說完全沒有生還機率，但反正是非常小了。雷擊的瞬間溫度高達 10,000℃～ 30,000℃，足以摧毀建築、劈開樹木，殺傷成群的人畜。夏季冒雨走路和在破電線旁邊最容易被雷擊，尤其是穿著溼衣服的時候。

雷電之所以殺傷力那麼大，是因為雷電是超高壓直流電，瞬間放電量大，閃電的電弧（electric arc）會使大氣溫度驟然增加，進而產生爆炸，這就是為什麼很多被雷電擊中的人會被「扔」出去。所以遇到雷擊致死的案例，要注意死因有三點：電流損傷、熱作用、氣浪的作用。

　　被雷電打中的人，有時候會在皮膚上留下紅色或薔薇色樹枝狀或燕尾狀的「雷擊紋」，看上去像是一種特殊的紋身，還滿酷的。其實被電的過程一點也不酷，雷擊紋是由於電流通過局部皮膚，導致皮膚燒傷及皮下血管麻痺擴張所致，伴有血液滲出。雷電擊紋多位於頸、胸部，也可能位於肩、前臂、腋窩、脅腹側、腹股溝與大腿等處。這些特殊傷痕或許是雷擊傷僅有的證據，有很大的診斷價值。但是它褪色或消失迅速，有時在死後 24 小時內即不復存在。網路上可以看到很多被雷電擊傷的倖存者，把自己的雷擊紋都拍下來了，猛一看還以為是黑社會紋的大蜈蚣呢！另外一部分被雷擊的人皮膚損傷差異則大相徑庭，體表甚至可能無任何損傷，但多數的傷者都能發現燒傷、電流入口及出口。更倒楣的當然是那些皮膚被燒得焦黑的人啦！

　　除了電流造成的傷害，雷電還會導致燒傷，人類攜帶的金屬物品如錶帶、項鍊、硬幣等接觸部位的皮膚，由於焦耳熱效應（thermal effect）或電弧效應，讓金屬變得非常燙，可能因局部高溫產生燒傷。金屬物品熔化，使局部燒傷的形態類似上述物品，並造成衣服及所帶金屬物品的損壞。

　　比起表面的破相，更可怕的是雷電死者有時候內部損傷很嚴重，如骨折、腦損傷、鼓膜破裂、感覺神經性聽力喪失（sensory neural hearing loss, SNHL）、腎臟損害、眼部損害、血管和內臟器官破裂、心室顫動等，嚴重的會出現心跳停止、呼吸肌麻痺。我們的心臟就像兩個強而有力的抽水馬達並排在一起，左心室把血液送往全身各處，而右心室把帶有二氧化碳和廢物的血液送到肺部去。兩個心室平時合作得非常協調，一般會同時收縮或擴張，因而兩個心室裡就會產生足以使血液循環的壓力，維持血液的全身循環和肺循環。可是電流通過的時候，心肌肌肉纖維間協調性遭受干擾，它們變成單獨地以各自的速率收縮而不再同步，這樣心室裡就無法產生壓力，血液循環隨即停止，4 分鐘之內，就可能導致死亡。這時候整個心室呈現出軟弱、不規則的抽動，這就是所謂的「纖維性顫動」（fibrillation）。

想要不被雷劈,雷雨天就要做到不像海燕那樣在雷雨中穿行,不在室外走動或大樹下避雨,同時拿掉身上炫富用的金屬製品,打雷的時候盡量蹲下,把雷擊留給高個子,在高樓裡須盡快入室,在高山上盡快下來。在家裡的朋友也應該盡量關閉電視、收音機,拔插頭的同時拔掉天線。其他電燈、電源、路燈桿什麼的,也應該盡量遠離。躲到水裡游泳就更不安全了,應該快速上岸。在室外者如果感到頭髮豎立、皮膚刺痛、肌肉發抖,好像要變身成超級賽亞人一樣,即有將被閃電擊中的危險,應立即臥倒或原地蹲下,避免雷擊。

　　雷擊人體受傷害的最主要原因是電流損傷,電流通過人體時會同時產生熱效應、機械效應、化學效應和電磁效應。和被電線擊傷的不同,雷電流比普通電流強得多,但通過的時間很

短，一般都在千分之幾秒下。當電流通過人體時，不僅會使皮膚和內臟燒傷，同時由於電流通過肌肉收縮，使人跌倒和造成骨折。電流的化學效應也很可怕，它會使血液中的血紅素分解成有毒的物質，使細胞缺氧。

另外，電流可能導致呼吸停止，當雷電流流經腦幹的呼吸中樞時，會破壞這個地方，使呼吸停止，並且無法自行恢復。如果遭雷劈的那個人幸運一點，電流只流經人體其他部分而未流經呼吸中樞，也會使胸部肌肉色散（dissipation）造成呼吸障礙，當電流停止後，呼吸是可以自然恢復的，搶救主要是針對前一種情況。

就算沒有雷電那麼高的電壓，一般的低壓電也會使人死亡，至於人體到底通過多大的電流會致死亡？這個問題還沒有一致的意見，畢竟拿人類做實驗有點違背倫理，我們只能根據相關資料（資料來源有可能是二戰時期帝國主義侵略者慘無人道的人體實驗）介紹，往往都是以電源頻率（utility frequency）或直流電流作為依據的。通常通過人體電流超過 10mA 的時候，肌肉就會收縮，有明顯麻痺感覺，超過 100mA、歷時一分鐘以上一般都會死亡。但是在真正的電擊時，電流流經人體不同部位，其後果有明顯差別，電流流經心、腦等重要器官時，後果相對嚴重。當電擊位置固定時，套句專業的話說，其後果的嚴重程度與電流流過人體的電荷量和能量有遞增函

數（increasing function）的關係。我們一直強調的雷電，雖然強度大，但由於通電時間短，一般只有毫秒數量級，再加上它有特殊的物理特性，電流有時在皮膚外短路，所以遭受雷擊後，人體內通過的電量和接受的能量未必很大，即使心臟已經停止跳動，呼吸也已經停止，這種情況往往是假死（apparent death），經過積極搶救還能活過來，存活的機會也相當高。只有受害者全身出現紫藍色斑紋，變得跟阿凡達差不多的時候，才會停止搶救，並安撫受害者家屬情緒。最後再說一句題外話，遇見被雷擊的受害者，最好是當場搶救，進行人工呼吸或心肺復甦，送到醫院去的往往都來不及了。有些身強力壯的幸運者因為搶救及時，受到 90 千伏～ 110 千伏的雷電傷害也能撿回一條命。像《丁丁歷險記》（*Les Aventures de Tintin et Milou*）裡的人物那樣多次被閃電炸飛還只是皮外傷的，也只能是在童話作品裡出現了。

在玩遊戲的時候，除了速度高、傷害大、可以產生連鎖反應的雷電系法師是很狂的存在外，寒冰系法師也是讓人敬畏的存在。不同於雷電的速戰速決，寒冷對地球和人體都會造成持久的傷害。

寒到凍未條

　　凍死事件一般發生在寒冷地區及高原地帶，常在寒冷的冬春季節，比如西伯利亞的戰鬥種族們就經常出現這種情況，臺灣冬天寒流來襲時偶爾也會見到凍死者。所以法醫們在勘查現場或屍檢時，一定要查明當時現場的溫度和溼度，萬一這人是在冰箱裡凍死然後丟到外面的呢？在現實中，凍死大多數是自然災害事故，他殺比較少，萬一受害者身體如美國隊長一樣壯，過一會兒又醒過來了呢？由於死得比較慢，所以凍死作為自殺手法極為罕見，大家腦子裡能想到的恐怕只有像戰國時期左伯桃那樣自己把自己凍死的極端案例。凍死偶爾作為他殺手段，常見於虐待或遺棄老人、兒童、嬰兒等，或狠心的監護人不給受害者穿暖吃飽而導致凍死。另外，居無定所的精神病患、乞丐、街友、醉酒者也易發生凍死，但要注意拋屍偽裝凍死的可能性。

　　人類是典型的恆溫動物（俗稱熱血動物），體溫不會隨著外界環境而變化，不論是生活在熱帶的黑人，還是生活在北極的因紐特人，體溫都在 37℃ 左右。而那些變溫動物（俗稱冷血動物），則需要在溫度低的時候進入冬眠狀態。人是透過調節毛髮根部的緊張性、改變血流速度等方式來控制體溫的，當身體較長時間處於低溫和潮溼刺激時，就會使體表的血管發生痙攣，血液流量因此減少，造成組織缺血缺氧，從而使細胞受

到損傷，尤其是肢體遠端血液循環較差的部位，如腳趾。那些在冬天被凍傷腳趾的讀者或許還有印象，通常是大腳趾最先凍傷。凍傷的原因不僅僅是因為天氣寒冷，潮溼和風速使人體散熱加快，還可能因為鞋襪過緊、長時間站立不動及長時間浸在水中，使局部血液循環發生障礙，熱量減少，形成凍傷。一些更倒楣的人，由於疲勞、虛弱、緊張、飢餓、失血及創傷等，身體對外界溫度變化調節和適應能力減弱，局部熱量減少，不幸凍傷。

　　冰天雪地中，如果有些地方包得不緊，很容易造成局部凍傷，在專家們看來，局部凍傷可以劃分為寒冷前期（pre-freeze phase）、寒冷 - 緩和期（freeze-thaw phase）、體液停滯期（vascular stasis phase）、缺血期（ischemic phase）。寒冷前期是指凍傷後至復溫融化前的一個階段，其主要臨床表現有「受凍部位冰涼、蒼白、堅硬、感覺麻木或喪失」。由於局部處於凍結狀態，其損傷範圍和程度往往難以判定。之前我們說過法醫關於傷重程度的判斷，是按照恢復後的功能損失情況來判定的，在此我又想起了一位參加過兩次世界大戰的英雄，再一次默默為金鋼狼爺爺點上一根悲傷的蠟燭。

　　寒冷 - 緩和期包括復溫融化和復溫融化後的階段；體液停滯期為體液凝滯階段；缺血期是指確定三、四級凍傷後，皮膚組織開始壞死、壞疽（gangrenous）的階段。一級凍傷最輕，

即常見的「凍瘡」（frostbite），很多高緯度國家的小孩子冬天都會受到這種傷害，一級凍傷受損在表皮層，受凍部位皮膚紅腫充血，後期自覺熱、癢、灼痛，症狀在數日後消失，癒後除有表皮脫落外，不留疤痕。二級凍傷傷及真皮淺層，傷後除紅腫外，伴有水泡，深部出現水腫、劇痛，皮膚感覺遲鈍，這種凍傷也可以癒合。三級凍傷就比較嚴重了，凍傷已傷及皮膚全層，呈現黑色或紫褐色，出現血性水泡（hemorrhagic blister），此時痛覺已經喪失了。傷後不易癒合，除有疤痕外，還伴隨長期感覺過敏（hyperesthesia）或疼痛。最嚴重的是四級凍傷，不僅傷及皮膚、皮下組織、肌肉，甚至有可能傷到骨頭，出現壞死、感覺喪失，癒後有疤痕形成。如果是腳凍傷，除了會在前期出現凍傷皮膚局部發冷、外表蒼白或青紫、感覺減退或敏感之外，恢復時期還會出現痛覺過敏、肢體無法持重等現象。這些現象是由交感神經或周圍神經損傷後功能紊亂所引起的。如果凍傷侵襲到腳部近端，如趾骨、踝骨或跗骨有損傷，可能還需要截肢。

比凍傷更嚴重的是凍僵，皮膚蒼白冰冷，有時面部和周圍組織有水腫，神志模糊或昏迷，肌肉僵直，瞳孔對光反射遲鈍或消失；心動過緩、心律不整、血壓降低甚至測不到，部分人出現心房和心室顫動（fibrillation），嚴重時心跳停止，可以說是一種瀕死狀態。此時凍僵者的呼吸慢而淺，嚴重者偶爾可

見一、兩次微弱呼吸。由於深度燙傷也會有水腫，在沒有位於相應寒冷環境的情況下，有時候猛一看會造成誤判。在實際過程中，不僅要看，還要感受其溫度，之後解剖凍死的屍體時，還要提取胃內容物及血液進行毒物分析，看看是不是被人下藥麻醉再扔到雪地裡頭的，再結合現場各種線索，排除他殺、自殺，最後才能確定凍死。

從特徵上看，凍僵的人和死人已經差不多了，但是出於很難判斷屍體是不是有機會活過來，一般發現雪地裡的這些受害者的時候，不管凍成什麼程度，都要堅持急救和治療原則：先迅速脫離寒冷環境，防止繼續受凍；然後抓緊時間儘早復溫。迅速復溫是凍傷的基本治療目標，目的是防止進一步的冷暴露（cold exposure）以及恢復血液循環。早期的治療是用衣物或者溫暖的手來覆蓋受凍的部位或其他身體表面使之保持適當溫度，以維持足夠的血液供應。如果需要快速水浴復溫，水浴溫度應為 37℃～ 43℃，適用於各種凍傷，千萬別用 70℃、80℃的熱水來強力解凍。當然，解凍過程中最好服用一些止痛藥。當皮膚變得紅潤柔滑時，代表完全解凍了。有些電視劇會出現用冰塊擦拭凍僵的肢體、單純的用火乾烤加熱或緩慢復溫之類的鏡頭，這樣其實都不太好，會進一步損傷組織。其實，不管是什麼程度的傷，對受傷部位的任何摩擦都是禁止的。還有一點要注意的是，如果分不清那人到底是三級還是四級凍傷，應

當按照四級凍傷來治療。如果需要手術處理，應當盡量減少傷殘，最大限度的保留尚有存活能力的肢體功能，只有在迫不得已的時候才選擇截肢。其他還要注意塗抹凍傷膏，服用活血化瘀、抗休克、抗感染的藥物等。

　　比凍傷更嚴重的，就是凍死了，常見的凍死分為凍結、冷卻和低溫三種情況。凍結是指生物細胞內發生凍結（大家知道細胞當中有豐富的液體，如果凍結的話，細胞會被撐破），或者細胞外凍結超過一定程度時引起的細胞凋亡（apoptosis），而且由此所造成的傷害無法代償（compensation）。我們的大腦有七八成都是水分，要是全都結冰撐破腦細胞，這要命的酸爽真是不敢想像。冷卻是指生物被冷卻到 0℃左右或 0℃以下，由於物質代謝的紊亂和細胞質產生了物理化學變化的緣故，往往在發生凍結前就先死亡。其中，冷卻的速度會影響死者的受傷害程度，一般來說，速凍對細胞的傷害較小，科學家們也一直在尋找一種快速冷凍的方法，讓細胞內的液體呈現玻璃狀的非晶質（amorphous）結構，這樣就能最大限度地保護細胞。美國物理學家詹姆斯・貝德福德（James Hiram Bedford）曾經投資建立過一個人體冷凍實驗室，他自己就是第一個被速凍的人，後來又相繼有幾百人在這裡被冷凍，可是現在整整 50 幾年過去了，還沒有能把人解凍復活的技術。除此之外，對恆溫動物來說，如果將其冷卻在低於正常體溫 10℃～ 20℃左右時，儘

管比 0℃高得多，也可能因喪失正常機能而致死，想想你是不是在天冷時特別容易打哈欠？另外，在過度疲勞的情況下，人體會被迫加快散熱；若產熱低於散熱，也容易引起機體無法正常供能，出現「疲勞凍死」的情況。

　　人在凍死之前，身體會出現如下變化，分為四個階段：首先是興奮期，體溫在 35℃～ 36℃，屬於寒冷初期，打寒顫，起雞皮疙瘩。這時候人的呼吸、心跳加快，血壓升高，神經處於興奮狀態，此時期會產生較多的熱量維持下降的體溫。如果你覺得人體的構造很不公平 —— 表面沒有毛，還無法冬眠，這不是只能等死嗎？這個階段的第一次血液重新分配（redistribution of blood flow）還能救你一陣子 —— 皮膚及皮下血管收縮，血液流向機體深層，減少熱量散失，這些變化稱為「保溫反應」。第二個階段就是興奮減弱期，在飢寒交迫的情況下，人顯然無法長期亢奮，只能又冷又餓地跌倒在雪地上。這時候人的體溫在 30℃～ 35℃，血液循環和呼吸功能逐漸減弱，呼吸、心率減慢，血壓下降，精神也會出現倦怠，運動不靈活，並出現意識障礙。這時候如果睡著了，肯定不會有什麼好結果。新生兒和心臟病患者容易死於此期，很多喝酒的俄羅斯人也是沒能撐過這個時期而在街頭掛掉的，此階段持續的時間比較長。如果成功進入下一個階段，那就真的糟糕了，基本上屬於「沒人救你就玩完了」的狀態。這個階段成為抑制期，人的體溫在

26℃～ 30℃，心率、呼吸和血壓逐漸下降，對外界刺激反應變得遲鈍，意識處於像某些抽象詩歌一樣的朦朧狀態。人的體表溫度和肛溫於此時期會有一段時間接近或相等，會反常地出現熱的感覺，進而發生「反常脫衣」（paradoxical undressing）現象。為什麼這時候會變得這麼沒節操呢？這是由於低溫使大腦皮層進入抑制期，失去對體溫的調節控制作用。在下丘腦的調節下，皮膚血管擴張，血液進行了第二次重新分配，機體深層的溫暖血液充盈皮膚血管，體內中心溫度下降得快，體表溫度下降得慢，造成體表和體內溫度接近或相等。這時體溫雖然一直在下降，皮膚感受器（sensory receptor）卻有熱的感覺，下丘腦體溫調節中樞發出錯誤的熱的訊號，傳遞到動器（effector），才導致凍死前的「反常脫衣」現象。另外，據相關資料報導，在高海拔地區被凍傷的人們，由於處於低溫缺氧的環境，可能引起精神錯亂和判斷力減退；也有些學者認為由於寒冷，促使體內分泌大量腎上腺素，腎上腺素氧化後的產物會產生幻覺，也就是說人被自己的激素激動壞了。有人推測，不管是被凍傻了還是激動壞了，人可能失去辨認方向的能力，在局部地區來回走動，留下一趟趟足跡，如果是大雪天，那就更容易發現這種痕跡了。但是四處走走並沒有什麼用，此時此刻，由於寒冷侵襲身體的深處，微血管通透性增強，間質性水腫（interstitial edema），內臟淤血，循環血量減少，心血搏

出量（stroke volume）減少，心臟傳導系統的不反應期（refractory period）縮短，最後導致心室顫動死亡。就算撐過了第三階段，還有第四階段——完全麻痺期，人的體溫在 25℃以下，體溫調節中樞功能衰竭，呼吸、心跳抑制，血壓幾乎呈直線下降，各種反射消失，對外界刺激無反應，和死人幾乎沒什麼區別，最終血管運動中樞及呼吸中樞麻痺，徹底沒救。由於缺乏嚴格控制的冷凍實驗室那樣的環境，大家最好別寄希望於解凍後復活，畢竟我們不是那些會冬眠的動物，能用葡萄糖等當防凍液保護內臟。

　　除了上述的這些概念，凍死的生理機制也是非常複雜的，受個體和環境因素影響較大。和其他傷害類似，相對脆弱的老年人、嬰幼兒及顱腦損傷的人容易發生凍死；身體主要器官患有疾病的人，低溫會誘發或加重原有疾病而引起死亡。不過，醫學上利用低溫麻醉，可建立可逆性生理抑制，因為低溫時組織的耗氧量也大幅度減少，不太會發生組織缺氧。可是這只是短時間內的，上文已經說過了，在低溫條件下，心肌會產生引起心室顫動，最終心臟功能衰竭死亡。就算不發生心室顫動，由於低溫，血管擴張、麻痺、血流緩慢乃至停止，血液循環障礙，時間長了還是缺氧——組織缺氧，腦缺氧，最終導致血管運動中樞及呼吸運動中樞麻痺死亡。這個論調是不是很熟悉？沒錯，大部分的死亡都是細胞缺氧所致。

　　凍死的屍體非常明顯的外部特徵。剛才我們說了，凍死的人中樞神經系統被抑制，全身呈麻痺狀態，下丘腦體溫調節中樞卻發出錯誤的訊號（熱感），所以凍到極致的人是不覺得冷的，他們一般都死得很安詳，呈自然狀態或捲曲狀，有時候甚至帶著一抹詭異的微笑。很多時候，如果在野外突然發病，比如腎結石、闌尾炎之類的，捂著肚子痛倒在路邊，也會導致凍死。這時候死者就是嚴重捲曲且表情痛苦的了。凍死的屍體也有屍斑，與其他死者不太一樣的是，凍死的屍斑呈鮮紅色。放置室溫過夜解凍之後，屍斑會由鮮紅色轉變為暗紅色或紫紅色。為什麼顏色會這麼華麗呢？這其中有一些化學問題，因低溫時表面血管內的還原血紅素（reduced haemoglobin）變為氧合血紅素（oxyhemoglobin），簡單來說就是血液成分發生了改變，所以屍斑呈鮮紅色，屍體深層血液還是暗紅色。不過要注意的是，非凍死的屍體屍斑呈暗紅色或紫紅色，若將屍體放入冰箱凍結或放在零下溫度的雪地一夜，屍斑也會由暗紅色變為鮮紅色。由此可見，屍斑鮮紅色不是凍死屍體特有的屍體徵象，先凍後凍都會發生這種現象。至於前文提到的僵硬現象，凍死屍體屍僵發生晚、消失慢，而且僵硬（這個不用想像也能知道，凍硬了）。不過，有趣的是，凍僵的屍體在解凍後還能發生屍僵。和冰箱裡的肉一樣，凍結的屍體腐敗發生緩慢，解凍後則腐敗進行迅速，其中一個重要的原因，當然是因為細

胞都被撐破了嘛！從總體上看，就是肉都壞了。環境溫度在零度左右時，受害者在凍死前的受凍過程是逐漸發展的。在屍體的局部，特別是沒有被衣物遮蓋的部分，會出現輕度、中度的凍傷，呈紫紅色腫脹 —— 有人會說這好像是廢話，非凍死的人也可能有這些性狀，但是屍體的腫脹和衣服遮蓋部位有明顯界線，其間可見水泡。不管是男人還是女人，那些活著的時候皮膚比較敏感，能表現出第一、第二性徵的部位（男女的外生殖器和女性的胸部），都會出現明顯的收縮。當然，僅限於與皮膚相關的，骨盆什麼的可不會收縮。

　　除此之外，凍死的遇難者身上還會出現與屍斑無關的鮮紅色斑，往往出現在屍斑不可能發生的部位 —— 那些孤立、鮮紅色的斑，在四肢等身體暴露處多見。這些斑也算是凍死的人的重要特徵之一。還有我們剛才提到的「反常脫衣」現象，除了患有疾病或服用安眠鎮靜藥後凍死的屍體外，一般凍死屍體都有不同程度的「反常脫衣」 —— 有的外套脫掉，有的鞋帽脫掉，有的手套圍巾脫掉，有的通通脫掉，不知道的還以為是被杜德偉的〈脫掉〉洗腦了呢！所以遇到這種屍體的時候，應當仔細勘驗凍死的現場，注意與搶劫或強姦殺人案例作區別。凍死的人體表常常帶有跌倒時候的擦傷及皮下出血，這也要與傷害案件相區別。

　　說完了體表的變化還不夠，凍傷最可怕的是，它會對內臟

器官造成很大的影響。最嚴重且明顯的是大腦，剛才我們提到大腦中的水分很多，所以溫度下降之後，細胞膨脹，腦組織和腦膜（meninges）都會充血水腫，當顱中溫度下降到 8℃ 時，腦組織體積增加到最大限度，甚至會使顱骨骨縫裂開。要知道，人的顱骨骨縫可是非常複雜的連接，連機器都無法將其分開（放上種子在裡頭萌發倒是有可能撐開它）。割開皮膚之後，你會看到屍體的肌肉也是鮮紅色，大家可以想像超市裡頭的冷鮮肉 —— 這些冷鮮肉活著的時候當然是先殺了再冷凍的，所以肌肉呈鮮紅色不是凍死屍體特有的徵象 —— 不管是凍死的屍體，還是先死了再凍，都會有這種情況。解剖到心臟的時候，還會發現左右心室的血是不一樣的：左心室血液呈鮮紅色，右心室血液呈暗紅色。如果你膽子夠大，可以將心臟取出後，觀察到由肺靜脈流出的血是鮮紅色，肺動脈流出的血是暗紅色。要是還是看不出區別，可以把左右心室的血液取出，分別放在試管中仔細觀察。為什麼僅僅隔著一小片肉，左右心室血液的顏色就不同呢？這是人死前吸入低溫空氣導致的結果。憑這一點，可以判斷這人在被冷凍的時候是否還活著，可以說是凍死屍體具有的特殊徵象。

　　接著解剖消化道，也會發現異常狀況，在胃黏膜等消化道，沿著血管可見褐色或深褐色彌漫性（disseminated）出血斑點，數量和大小不等，從幾個到幾十個都可能，大如碗豆小

如米粒。斑點狀出血形成的原因，可能是低溫導致胃腸道血管痙攣，然後血管擴張，血管通透性發生變化，使小血管或微血管在一定程度上滲血。由於凍死時胃黏膜出血斑，是一名叫做維什涅夫斯基（Wischnewski）的蘇聯學者發現的，所以稱之為維什涅夫斯基氏斑（Wischnewski spots, WS）。這種出血點的發生率為 85%～ 90%，是生前凍死最有價值的徵象（sign）。如果凍死過程延長，胃黏膜還會壞死脫落，形成急性潰瘍，一般均發生在出血點表面，大小不等，這些要與生前就有潰瘍的患者加以區分。其他消化道，如十二指腸、空腸、迴腸及結腸也可能發生同樣性質的出血或潰瘍。其他內臟器官也會有不同程度的出血，如肺部會出現水腫、氣腫，可見點狀出血（punctate hemorrhage），稍稍擠壓肺切面會溢出鮮紅色血性液體和泡沫，氣管內有淡粉紅色血泡沫。胰臟也會出血，出現類似急性胰臟炎的症狀。腹腔神經節和周圍結締組織也會充血出血，甚至腰大肌（psoas major muscle）的肌間也會出血。

　　有些法醫當然不會滿足這些肉眼觀察，還要拿組織切片在光學顯微鏡下觀察：看心臟切片的時候，會發現心肌細胞由於水腫或冰晶而被分離，肌纖維斷裂。心肌細胞內可見大小不等的空泡，有點像植物細胞裡頭的液泡，細胞核膜皺縮。心肌間質（interstitium）也有水腫，微血管內皮細胞腫脹。竇房結（SA node）和房室結（AV node）的心肌傳導細胞明顯腫脹，

總而言之，就是大部分地方都在腫脹！如果還不滿意，那就要用到電子顯微鏡了，這時候你會看到：心肌細胞核膜破裂，染色質濃縮；心肌間質微血管內皮細胞腫脹且連結破壞；血管周圍絮狀物堆積。心肌細胞膜下，也可見大量輕度腫脹的粒線體肝臟切片在光學顯微鏡下出現類似的情況：細胞腫脹，出現空泡。不同的是部分肝細胞液（cytosol）呈顆粒狀，細胞核大，核質疏鬆，細胞間質輕度淤血。再放到電子顯微鏡下，就會發現：包括粒線體在內的細胞微型器官（micro-organ）明顯減少，粒線體輕度腫脹。神經細胞也會出現類似的腫脹：神經細胞軸突（axon）、樹突（dendrites）腫脹，細胞周圍間隙增大。神經細胞還有核質（nucleoplasm）疏鬆、核仁（nucleolus）可見的現象。

　　有了顯微鏡下的細微探索，法醫們還是不滿足，一些法醫專家透過生物化學角度有了一些新發現：凍死的人血糖會比健康的人高。健康的人血糖平均值為 84.9mg/dL；凍死屍體的血糖平均值為 144.21mg/dL；不管是活人死人，男女血糖無明顯差異。凍死屍體血糖明顯升高，大致有兩方面因素：體溫過低會導致胰島素分泌下降，引起高血糖。有研究顯示，人體體溫在 29℃〜 31℃時，即使注射足量的胰島素，外來的胰島素作用也會大打折扣，那人依舊會持續性高血糖，看來凍過頭也會引起糖尿病啊！雖然人類不會冬眠，但是體溫過低時糖代謝也會下降，組織也沒有那麼需要葡萄糖了，所以糖分都存到血液

裡，導致高血糖。在體溫持續維持在過低（27℃～ 28℃）水準
時，血糖升高的情形更明顯。有人推測是寒冷使人體內的相關
催化酶被抑制（前頭也講過酶，它們必須在合適的溫度中才能
發揮最佳狀態），從而引起血糖升高。血糖明顯升高也是凍死屍
體的佐證之一。左右心室的血氧含量也有很大差別，但是動脈
血紅素和二氧化碳的含量無顯著差異。非凍死屍體死亡前機體
仍存在外呼吸（external respiration）和細胞呼吸（cellular
respiration），所以非凍死屍體左右心室血液、動靜脈血液的
動脈血紅素和二氧化碳含量有顯著差異。弄不清什麼意思的讀
者，你就記住兩邊血液成分有差異就好。有研究認為，人的半
致死溫度是 27℃，如果體溫持續下降，體循環的血流就會慢慢
停滯，血液與組織、細胞間的氣體交換也基本停止，所以才會
出現左右心室血液的某些化學成分含量無顯著差異，這也是低
溫條件下凍死屍體所具有的特點。另外一個要注意的特徵就是
酸中毒（acidosis）了。人體溫度過低的時候，會出現酸鹼不平
衡，導致酸中毒，具體的原因是人體在低溫環境中為了保溫，
肌肉加強活動，透過無氧呼吸產生乳酸，乳酸過多無法分解排
出；除此之外，低溫導致的血液循環障礙也讓組織無法無氧呼
吸，產生乳酸。除了乳酸，碳酸也是致命的，由於呼吸中樞活
動被低溫抑制，二氧化碳排出減少，所以也可能發生呼吸性的
碳酸中毒。這些酸讓血紅素的活性下降，進一步降低血液的酸
鹼度，形成惡性循環。

不行了！我需要冷氣補師！

　　花了這麼長的篇目說完了關於凍死的知識，是不是覺得目前凍死是最可怕的了？其實哪種死亡都很可怕，下面我們就來介紹一下和凍死相對應的另一個極端 —— 熱死。熱死比凍死更常見，每年夏天都會有相關的報導，某某地區又熱死多少人，仔細想想也不奇怪，冬天你穿厚一點就不怕冷了，可是夏天就算你吃著冰淇淋裸奔，在太陽下還是會熱得受不了啊！

　　臺灣人不陌生的中暑，是指人長時間暴露在高溫環境中，或在大熱天進行高強度的體力活動，所引起的機體體溫調節功能紊亂，有一系列相應的不良反應，主要以高燒、皮膚乾燥以及中樞神經系統症狀為特徵。如果是體溫超過 40℃的嚴重中暑，病死率為 41.7％；若超過 42℃ —— 別看就差一度 —— 病死率幾乎會翻一倍，為 81.3％；再往上加一度多，43.1℃就是人中暑死亡的體溫臨界線了。面對中暑這樣一度之差帶來的巨大傷害，被凍傷的似乎都要偷笑了。雖然熱死的人沒有凍死的人外觀變化那麼大，但是我們之前提過，生物體內的催化酶在經過低溫階段後恢復適宜溫度還能再重新投入工作，可是經過高溫洗禮後就徹底玩完了。所以從這個角度來看，高溫對人的傷害比低溫更大。

　　在結構非常複雜的人腦中，有個部位叫下丘腦（hypothalamus），是負責調節體溫的地方（當然下丘腦身兼數職，其他

功能我們不必多說，總之非常重要）。正常情況下，下丘腦會讓人的體溫維持在 37℃ 上下。人體就像一個燃燒葡萄糖和脂肪的火爐，各種代謝活動和運動都會產熱，多餘的熱量借助皮膚血管擴張、血流加速、排汗、呼吸、排泄（沒錯，尿尿打冷顫就是排除熱量的緣故）等功能，透過輻射、傳導、對流、蒸發（出汗不算蒸發）方式散發。如果外界環境較溼熱，尤其是體弱或者經歷軍訓這樣的重體力勞動時，再加上穿得不透氣等原因導致散熱障礙，則容易發生中暑。

中暑也是分階段的，在先兆（aura）階段，人已經在高溫環境下待了一段時間，開始出現乏力、多汗、口渴、頭痛、頭暈、眼花、耳鳴、噁心、胸悶等不良反應，這時候體溫還是正常的，頂多略高於 37℃。剛才我們提到，體溫高一度都是不得了的事情，這個略高可不能略過一個溫度，如果超過了 38℃，那麼就屬於輕度中暑了，會在先兆症狀的基礎上，出現注意力渙散、動作不協調、面色潮紅、皮膚灼熱的表現，甚至還有脈搏增快；當然有些也會走相反的路子，面色蒼白、血壓下降、皮膚溼冷等，這些都是末梢性循環衰竭（peripheral circulatory failure）的早期表現。如果再繼續晒下去，那就會變成重度中暑了，除了剛才那些症狀，還會加上熱痙攣（febrile convulsion）、腹痛、高燒昏厥、昏迷、虛脫或休克等。

在這裡有必要解釋一下熱痙攣的概念，熱痙攣多發生在大

量出汗和口渴之後，大量飲水導致血液中鹽濃度快速降低，這類中暑發生時，肌肉會突然出現陣發性的痙攣疼痛，一般出現在活動中或活動後，通常發生在下肢背面的肌肉群（小腿肚的腓腸肌和靠下的跟腱），也可能發生在腹部，熱痙攣常常是熱中暑的早期症狀（又挖了一個坑，別急，馬上就填）。與熱痙攣齊名、並稱為重度中暑三大病的還有熱衰竭（heat exhaustion）和熱中暑（heat stroke）。熱衰竭常常發生於老年人及一時未能適應高溫的人，和在炎熱環境中工作或者運動而沒有補充足夠水分的人中，這些人由於大量出汗導致體內鹽分和水分流失，出現頭暈頭痛、大汗、極度口渴、噁心嘔吐、皮膚溼冷、血壓下降、全身乏力、暈厥或神志不清等。這些人還會有明顯的脫水表現：心跳加速、低血壓或暈厥，但是無明顯中樞神經系統損傷表現。熱衰竭是熱痙攣和熱中暑的過渡期，如果治療不及時，會發展為熱中暑。

　　大咖總是最後登場的，熱中暑到底是什麼鬼，預告了半天終於要正式露面了！熱中暑是一種致命性的急性中暑症狀，平均死亡率高達 60％，50 歲以上的患者死亡率高達 80％，具體死亡率與體溫升高的程度和持續時間密切相關。熱中暑是臨床表現最嚴重、死亡率最高的中暑，通常發生在高溫高溼的夏季。其成因是高溫引起的體溫調節功能失調，體內熱量過度積蓄，從而引發神經器官受損，不理解的讀者，想想茶壺在水沒

燒乾的情況下是怎麼燒壞的。熱中暑以高溫和意識障礙為特徵，發病前往往有頭痛、眩暈和乏力的症狀。這時候你的內臟已經開始受影響了，受害順序依次為腦、肝、腎和心臟，全都是致命的地方。由於人這種動物直立行走，腦袋在最上頭（很多四腳動物最高的都是肩部），還長著一片保暖性非常好的頭髮，當我們直接暴露在烈日的光芒下，本身就是一個核子反應爐，太陽會用熱力穿透頭皮和頭骨，引起腦細胞受損，進而造成腦組織的充血、水腫 —— 這些當然會引起劇烈頭痛、噁心嘔吐、煩躁不安，腦子這個司令部一壞掉，昏迷抽搐什麼的就接踵而至了。其他的熱中暑早期症狀還有大量冷汗後變得無汗、呼吸淺快、脈搏微弱等，逐漸向昏迷伴四肢抽搐發展，嚴重者會產生腦水腫、肺水腫、心臟衰竭等。根據發病時患者的狀態和發病機制，臨床上把熱中暑分為兩種：勞力型（exertional heat stroke）和傳統型（classic heat stroke）熱中暑。勞力型熱中暑主要是主要是在高溫環境下大量運動，內源性產熱過多而散熱不足，到最後自己把自己熱壞了；傳統型主要是在高溫環境下，身體比較差的人出現體溫調節功能障礙，引起散熱減少，最後被晒到昏倒。

　　兩種熱中暑的屍檢結果也是不一樣的。勞力型熱中暑的患者多在高溫、溼度大和無風天氣進行高強度工作或劇烈運動時發病，患者大多是平時身強力壯的年輕人，所以大家在熱天一

定不要拚命。患者在劇烈運動或工作後數小時發病，約 50％患者會大量出汗，心率顯著提高，達到每分鐘 160 ～ 180 次，脈壓也隨之增大。這些還不是真正可怕的，根據相關的檢查，這類患者會發生橫紋肌溶解（rhabdomyolysis）、急性腎衰竭、肝衰竭、彌漫性血管內凝血（disseminated intravascular coagulation, DIC）或多重器官功能衰竭，病死率較高。傳統型熱中暑患者大多是居住在擁擠和通風不良的地方的年老體衰者，有時候還包括一些可憐的患者，他們常常患有精神分裂症、帕金森氏症（Parkinson's disease, PD）、慢性酒精中毒及偏癱或截癱，總之就是生活不太能自理。從外表上看，他們表現為皮膚乾熱和發紅，84％～ 100％病例無汗，可是外冷內熱，直腸溫度常在 41℃以上，最高可達 46.5℃，這種溫度當然是活不成了。病初表現為行為異常或癲癇發作，繼而出現幻覺、昏迷和瞳孔對稱縮小，嚴重者出現低血壓、休克、心律不整和心臟衰竭。而當你解剖傳統型患者的遺體的時候，會發現肺水腫和腦水腫；約 5％病例發生急性腎衰竭，會有輕、中度彌漫性血管內凝血，常在發病後 24 小時左右死亡。當對熱中暑患者進行更深入的生化檢驗時，還會發現其血液成分會大大變化 ——如高鉀、高鈣，白血球計數增多、血小板計數減少，肌酸酐（creatinine）、尿素氮、丙胺酸轉胺酶（glutamate pyruvate transaminase, GPT）、乳酸去氫酶（lactate dehydrogenase,

LDH）、肌酸激酶（creatine kinase, CK）等成分（這些過於高深的化學名詞就暫時別多研究它們了）提升。因為熱中暑的患者有體溫升高、暈厥或神志改變等特點，所以還需要排除其他疾病或食物中毒、化學中毒等。

　　人會得熱中暑，不僅僅是因為人體處於大氣溫度升高（>32℃）、溼度較大（>60%）和無風的環境中，還有可能是因為此人過度肥胖、穿得太厚或者溼度太大不方便散熱（沒錯，三溫暖本身就是很危險的事情，不是人人都適合），還有些人是化學因素，如甲狀腺功能亢進或者安非他命等藥物的作用導致體內發熱。魏晉時期流行一種叫五石散的藥方，用鐘乳石、石硫黃、白石英、紫石英、赤石脂研磨後製成，吃下去後會讓人渾身發熱，甚至會影響到神志，但是對人體危害太大，唐朝以後就不怎麼有人吃了，其致死原理大概有熱中暑的一份功勞。還有些人更可憐，他們是患了系統硬化病、先天性汗腺缺乏症的人；大面積皮膚燒傷後，疤痕也會阻礙排汗。日本的《神劍闖江湖》中的大反派志志雄真實就是渾身被燒傷，導致汗腺損壞，最後和男主角大戰 15 分鐘，自己把自己熱死了。下次再和同伴看同名電影或動漫時，看到這一段，可以跟他們說一下，這是熱中暑！頃刻間添了幾分醫學素養。

　　得了熱中暑的人，即使命大沒死，身體想要完全康復也是一個漫長的過程，影響預後（prognosis）的因素主要與神經

系統、肝、腎和肌肉損傷程度及血乳酸（lactate）濃度有關。如果是昏迷超過 6 ～ 8 小時的病患，預後效果會不太好。剛才說過，人的體溫是無法長時間維持高溫的，體溫率先恢復正常後，大腦功能通常也會很快恢復，但仍有患者遺留了大腦功能障礙，也就是俗話說的「大腦燒壞了」。另外，輕或中度肝、腎衰竭病例可以完全恢復；對於那些勞力型熱中暑的，會出現嚴重的肌肉損傷，持續數月出於肌無力（myasthenia）的狀態。所以當聽說哪個同事中暑，好幾個月無法來上班，也不要覺得奇怪，這在科學上是完全可能的。

共工的力量

　　還有一種來自大自然的死法更加常見，也更加複雜，那就是溺死。自殺、他殺、意外死亡均可能透過這種方法。所以說大家平時沒事少跳到河裡玩，雖說「上善若水厚德載物」，但是「淹死的人都是會游泳的」往往也是一個不爭的事實。根據世界衛生組織統計，溺水是全球意外死亡的重要原因之一，溺水主要族群年齡層偏低，往往不超過 20 歲。國外有大樣本統計溺水死亡率大約 9% ～ 12%。溺水對人體造成的改變中，最嚴重的是低氧表現，常常是水進入肺部導致的非心因性肺水腫（non-cardiogenic pulmonary edema）引起，同時也會直接導致嚴重腦缺氧。

我們先來看那些溺水者的體表特點：由於水流衝擊作用和與石頭、橋墩、打撈工具等碰撞，淹死的人常常有死後損傷。如果河裡有食肉的水生動物，還會出現動物造成的多種傷痕。通常只是擦傷，邊緣不整齊，其皮下及肌肉可能有出血，但只是不凝固的血液浸染而沒有血腫，血液往往沿著皮下擴散，與周圍組織界線不清楚。在一部分溺水案件中，屍體的頸部肌肉也會出血，這不是因為他被人傷害，而是因為落水後劇烈掙扎，一般都是伸著脖子，肌肉發生強烈的收縮和痙攣，造成肌組織間的血管斷裂出血；同時，在溺水過程中由於肌體組織嚴重缺氧，使血管的脆性增加，在此基礎上更易造成肌肉組織出血。如果解剖死者肌肉，會發現其他部位的骨骼肌也有出血。骨骼肌出血面積通常較大，以大片狀及條狀為主，部位多在深層肌組織，出血界線與周圍組織界線不清，邊緣呈雲霧狀，出血部位中間重，其切面紅褐相間，呈「虎斑狀」，有時出血量較多時會形成血腫。而奇怪的是，同一部位淺層肌組織卻無出血。

　　溺水的屍體還有幾個比較特殊的特點。如果是在江河湖海中淹死的，屍體內通常含有大量的單細胞藻類，不僅肺部會有，很多器官中都會有，在肺部脹破之後，全身的許多血管中也會含有藻類。比如矽藻就是常見且容易鑑別的一種藻類。藻類的出現可以判定死者是被活活淹死的，而不是死後落水。溺水的人還會出現代謝性酸中毒（metabolic acidosis）、低氧血

症（hypoxemia）、血紅素尿（hemoglobinuria）等。呼吸道、胃腸道、泌尿生殖道也會有出血。重度急性吸入性和化學性肺炎也是很常見的。部分死者生前還有急性大腦出血、呼吸抑制、心跳停止和溶血（hemolysis）等症狀。另外，某些人即使平時沒有血栓症，在屍檢中也會發現血栓病變，以肝、脾、肺、腎上腺和中樞神經系統的病變最重。有些觀點認為溶血、低氧血症、低血壓和嚴重酸中毒都會誘發血栓出現。

　　溺水案件非常複雜，所以屍檢在這個時候尤其重要。如果屍體上有明顯的外力損傷，如鈍器傷、勒傷等，可以考慮他殺；如果體內有毒物，也要考慮他殺；當死者沒有自主行動能力，如年幼、癱瘓、昏迷等，儘管體表無傷、體內無毒，也要考慮是否有他殺可能。除了腐敗的浮屍外，一般入水不久的屍體，常有較清晰的現場可見，要認真注意現場環境，還要注意中心現場與周圍現場的遺物是否有矛盾。

　　史上最狂的懲罰者 —— 上帝傷害人的方法還有很多，在此就不一一列舉了，雖然我真的還想再說一說其他的自然災害，但接下來我們會來點更刺激的內容，或許在你的生命中更為常見。沒時間解釋了，快上車，讓我們進入一個古風濃郁的世界！

第四章　話不可以亂講，飯更不能亂吃

無敵吃貨神農氏

　　在很久很久以前，有一位部落首領非常神奇。他不但腦袋上長了兩個好像牛角的包，還有張透明的肚皮。他還非常有植物學的天賦，三歲就會種莊稼（《淮南子》記載其「三歲知稼穡之宜」，不過也可以理解為花了三年研究種植技術），長大之後更是成為了一名積極探索的無敵吃貨，發誓要嘗遍世間所有的植物，來確定它們對人體的作用。這位老伯就是中華元祖之一的神農氏，又被稱為炎帝。由於他的肚子是透明的，所以什麼東西吃下去之後，都能看到它們怎麼在肚子裡產生作用。有一次他亂吃東西，一天中毒七十多次，後來偶然發現一種很可愛的翠綠色小樹葉，抱著死馬當活馬醫的心態，他又把這個小樹葉吃了。沒想到小樹葉進了他體內之後，如防毒軟體一般橫掃體內一切毒物，把他的體內檢查了一遍，所以他用「查」的發音，替那種綠色小樹葉取名為「茶」。不過，後來神農氏還是由於多次亂吃不明植物，身體越來越差，最後終於用斷腸草把自己毒死了。遺憾的是，由於他還沒來得及吃茶葉就死在茶樹下，所以也不知道茶葉 PK 斷腸草會有什麼效果。

對於這個在神州大地廣為流傳的故事，大家並不用過於認真 —— 肚皮像玻璃魚一樣透明還是有可能的，但是心肝肺腸胃不可能也是透明的（如果都這樣，那人看起來就是一個紅通通的大血袋子），而且想看到食物對於五臟六腑的影響，這視力怎麼說也是分子級別的了，就算眼睛真的這麼好，你能看清楚體內這麼多血管是怎麼運送化學物質的？所以整個故事過於玄幻，不可認真，否則法醫們看看人的肚子就知道內臟出現什麼了。

雖然故事中茶葉解毒的效果有點浮誇，但是很多植物的毒性倒是沒得說；世界上至少有兩千多種有毒植物，我們東亞就至少一千種，亂吃的話隨時有生命危險，現在明白為什麼貝爾在《荒野求生秘技》裡常常只吃動物了吧？現在，請大家盯著

法醫的解剖刀，看他們一個個割開中毒者的胃部，與那些有毒的東西來個近距離接觸。

　　由於有毒的植物實在是不勝枚舉，我們在此只能先介紹幾種比較有名或常見的。既然剛才提到了斷腸草，我們就先從它開始講解吧！毒死神農氏的斷腸草，雖然並不能真的讓人的腸子斷裂，但是毒性確實不容小覷，中國古代著名醫書如《神農本草經》、《本草綱目》等都將其列為不可食用的劇毒草藥。斷腸草的學名叫做鉤吻（*Gelsemium elegans*），別名有野葛、胡蔓藤、爛腸草、朝陽草、大茶藥、大茶藤、荷班藥等，屬於馬錢科的常綠藤本植物，分布在中國長江以南的大部分省分。馬錢科的植物大部分都有毒，知名的除了鉤吻，還有醉魚草（*Buddleja lindleyana*）、馬錢子（*Strychnos nuxvomica*）等，這些植物如果不慎入口，輕者腹痛，重者致命，鉤吻就是其中的佼佼者，整棵植物從上到下都有劇毒，根部和嫩芽尤其多。鉤吻之所以有毒，是因為其中含有多種胡曼素（gelsemine），這是一大堆結構類似的劇毒生物鹼的統稱。如果要細分類似的化學物質，一般都用甲乙丙丁，如甲烷、乙烷、丙烷、丁烷等，可是胡曼素不但有甲乙丙丁戊，還有十二生肖中的子丑寅卯辰，這麼複雜的一支家族軍團，入侵人體後當然也很難救治。胡曼素主要的作用是抑制神經活動，服用後消化道會出現灼熱感，另外還有眼瞼下垂、垂頭、腳軟、身體發抖、全身肌肉虛弱等症狀，並伴隨語言含糊、複視（diplopia）、上吐下瀉、腹痛難

忍等，最終由於呼吸中樞等重要的神經系統受到抑制，在中毒4～7小時後死於呼吸麻痺，最可怕的是，這些過程當中你的意識是清醒的。屍檢結果會發現胃黏膜充血腫脹，並出現散點狀出血，其他臟器也會出現淤血。有時候鉤吻會被當作草藥混入火鍋中，因此出現誤食導致的中毒死亡事件。

胡曼素是一大群毒素的合集，其中毒性最強的是胡曼素乙，對動物的最小致死劑量是：大鼠 $0.10 \sim 0.12$mg/kg（皮下注射），兔子 $0.05 \sim 0.06$mg/kg（靜脈注射），狗 $0.05 \sim 0.10$mg/kg（靜脈注射）。而胡曼素子如果注射到另一種以「子」為代號的動物體內（小鼠），半數致死量為 30.6mg/kg，主要中毒症狀是呼吸抑制和驚厥，到後來全身僵直並伴有劇烈抽搐，一兩個小時後就會死於呼吸麻痺，可怕的是，小鼠死後心臟仍可持續跳動30秒～60秒，腦子死了心臟還能跳一會兒，這在毒藥當中相當少見。解剖被毒死的小鼠後可以發現，胡曼素子的含量以心臟、肺和腎最高，血中含量相對較低，肝、胰臟、肌肉和膀胱的含量居於中等，胃、脾和睪丸含量最低；如果藥劑不夠小鼠死亡，則毒素的分布情況會反過來，這說明胡曼素子在體內有從血液豐富的臟器（心、肺、腎）向血液不豐富的器官（胃、脾和睪丸）代謝的趨勢。最後需要說明的是胡曼素很難溶於水，但是能溶於苯、氯仿、乙醚、乙醇和丙酮，所以日常生活中，專業的投毒者會用鉤吻的根部泡酒製造出殺人毒藥，效果立竿見影。

既然鉤吻不能吃，那作為外用藥，是不是就百分之百安全呢？其實也不是，不能內服的毒藥可以外用，但如果不夠專業，也有致死的風險，莫札特就是用水銀治療梅毒而死。中國廣東也發生過用鉤吻和黃牛尿熬湯，然後外擦治療溼疹的案例，結果那個患者在擦完皮膚後，不但溼疹沒有好，還覺得頭暈、頭痛、全身不適、有窒息感，接著流涎、噁心、腹痛，身體震顫、眼瞼下垂、瞳孔放大、視力模糊，發聲無力、語言含糊，但意識清楚，最後患者出現煩躁不安、兩眼直視、陣發性痙攣性抽搐、呼吸不規律的症狀，約經 20 分鐘後昏迷死亡。這位似乎死得比口服鉤吻的那些人還快，為什麼呢？因為江湖郎中讓他用了整整半公斤的鉤吻。由於當地位置偏僻，所以死後 12 天法醫才再次開棺檢驗：屍體已高度腐敗，顏面腫脹，口呈喇叭狀，全身皮膚暗褐色，呈皮革樣化。頸項部、胸鎖關節處、腋窩、膕窩（膝蓋後）周圍、腹股溝等處、有圓形或橢圓形表皮脫落及殘存之痂皮。解剖後發現胸腹腔內各有暗紅色液體 50 毫升，腔內臟器位置正常，腸子也沒有發生什麼變化。尿液中的氨作為溶劑溶解胡曼素，再透過皮膚表面的微血管滲入體內，這位皮膚病患者就不幸中毒了。

　　值得注意的是，斷腸草是很多劇毒草藥共有的稱呼，鉤吻只不過是其中出鏡率最高和應用最廣泛的，其他也被稱作斷腸草的植物包括：黃菫、紫菫、紫花魚燈草、白屈菜（這四個都是罌粟

科的植物）、烏頭、醉馬草、羊角拗等，但是由於知名度沒有鉤吻高，所以在此讓它們作為龍套演員，領了便當就趕緊走。

其實，不管是什麼植物中毒，只要吃進嘴裡，胃部殘存的內容物一定是破案的關鍵。下面我們再介紹另一種可以適當口服的「著名」有毒植物，之所以打上引號，是因為名稱紅，自己卻不紅。這種植物叫做曼陀羅（*Datura stramonium*），跟某類戲劇同名，由於分布十分廣泛，和鉤吻一樣基本分布在長江以南的大部分省分，所以也有很多別名，如名醉心花、狗核桃、醉仙桃、瘋茄兒、南洋金花、山茄子、鳳茄花、朝鮮牽牛花......是不是全部帶著濃濃的鄉村愛情風？有些文人們還稱之為「惡客」。這麼多名字報下來，你是不是一個都不熟？不過這種植物做出的藥物真的非常有名，蒙！汗！藥！

曼陀羅是茄科曼陀羅屬的植物，含有生物鹼（tropane alkaloids），包括東莨菪鹼（scopolamine）和莨菪鹼（hyoscyamine）等，有極強的麻醉性，在中醫裡有止咳平喘、鎮定的作用。傳說華佗的麻沸散也是用它作為主要成分的，但不要羨慕，它只是個傳說，在現代醫學家看來，僅僅口服麻醉劑，很難保證病人不會中途醒來，這樣手術是無法進行的，就算順利切除了壞死的器官，沒有供氧的管道，沒有止血的措施，病人也很難活過來。現在再厲害的外科手術專家也不敢一個人為病人動手術，總要帶幾個助手，不知道獨來獨往的華佗當時是

怎麼動手術的。不過那些開黑店的就不管那麼多了，只管往酒肉裡加蒙汗藥，「麻翻了多少江湖好漢」！

　　曼陀羅既然有麻醉作用，那麼也會和酒精一樣，劑量大了就會中毒甚至致命。如果不小心吃了這種植物，中毒量為種子 2 ～ 30 粒，果實為 1/4 ～ 20 枚，乾花 1 ～ 30g，肌肉注射為每日 6mg，也就是一不小心就會超過的量。有人拿狗做實驗，發現最小致死量為每公斤 80 毫克。由於民間有時候會用它治療支氣管哮喘（簡稱氣喘）、慢性支氣管炎（chronic bronchitis）、胃痛、牙痛、風溼痛、損傷疼痛等，所以它造成的醫療事故還不少。曼陀羅口服後，經小腸迅速吸收，毒素傳遞到全身，會造成急性中毒。一般服後 30 ～ 60 分鐘，快者可於 10 分鐘後出現症狀，所以蒙汗藥的作用可以說是立竿見影，當然，也有人身強力壯內功深厚（或者僅僅是由於體重超標），在數小時甚至十幾個小時後才發作。曼陀羅中毒分為輕、中、重三度，其中輕度中毒有顏面潮紅、嘴唇發麻、吞咽困難、脈率增快、躁動不安、瞳孔放大等。中度中毒即在輕度中毒的基礎上併發尿滯留（renal retention，膀胱憋著尿但是排不出來）、嗜睡、肌腱反射減弱，一般劫盜的都用藥酒把人麻醉到這個程度，就能下手了。重度中毒除具有中度中毒的表現外，伴隨呼吸不規律、淺昏迷（subcoma）、肌腱反射消失、血壓下降、大小便失禁、嘔吐，甚則抽搐、頸部僵直，最後呼吸、循環系統衰竭死亡。

曼陀羅之所以這麼毒，其主要原理是對中樞神經先興奮後抑制。它可抑制腺體分泌，導致唾液減少、口乾舌燥、皮膚乾燥；使血管舒縮中樞興奮，以致血管擴張、皮膚潮紅；使瞳孔神經末梢麻痺，致瞳孔放大、光反應遲鈍；先興奮後麻痺迷走神經致心跳過速（tachycardia）；刺激中樞神經產生譫妄（delirium）、煩躁、昏迷等；興奮呼吸中樞、體溫調節中樞致發燒、呼吸急促；刺激脊髓反射功能致抽搐與痙攣……一切的一切都是興奮加抑制神經造成的，所以嚴重中毒時，人的腦幹麻痺，無法呼吸，最終導致死亡。屍檢結果可見腦水腫等症狀。

毒蘑菇也是讓人中毒的常見食材，雖然它們嚴格來說不算植物，屬於大型真菌，《植物大戰殭屍2》（Plants vs. Zombies 2）中就曾經因為蘑菇不算植物，把它們全部封殺了，但後來因為人氣太高又不得不全面解禁，用它們的毒素來對付殭屍。蘑菇雖然不是植物，但它們有細胞壁，和植物很像，平時也被歸類為蔬菜，某些早期分類學家也把它們歸為菌類植物，所以也放在這裡一起說了。

毒蘑菇的作用想必大家都有耳聞，有的能讓殭屍吃下去後攻擊同伴，有的能放出毒氣攻擊殭屍……讓我們從遊戲中走出來，看看法醫專家怎麼看待毒蘑菇（毒蕈）。毒蘑菇幾乎分布在世界各地，種類也非常多。根據不完全統計，世界上約有200多種毒蕈，其中能致死的達30多種，這些蘑菇當中已知的毒素有150多種，一種毒蘑菇可以含有多種毒素，一種毒液可以

存在於多種毒蘑菇中，因此毒蘑菇引起的臨床表現各異。一般情況下，毒蘑菇的毒素成分為含有數個胺基酸的多肽（poly-peptide），不了解這個概念的讀者就當成是和蛋白質結構類似但是更簡單一點的物質吧！蛋白質通常是大分子，而多肽是可以組成蛋白質的中分子物質。毒蘑菇中的主要毒素有毒蕈鹼（muscarine）、類阿托品樣（atropine-like）毒素、溶血毒素（haemotoxin）、神經毒素（neurotoxin）、肝毒素（hep-atotoxin）等，根據臨床表現可分為胃腸類型、神經精神型、溶血型、中毒性肝炎型（肝腎損害型），其中以中毒性肝炎型最為嚴重，另外一個深入人心的謠言會讓人認為，顏色不鮮豔的野蘑菇是安全的，可事實就是這麼殘酷，我們並不能根據顏色的鮮豔程度來判斷其是否有毒。其實顏色鮮豔的蘑菇也有沒毒的，顏色單調的蘑菇也可能有毒，主要還是與它在分類學的地位（相當於蘑菇江湖的門派吧）有關。其中，毒蕈屬的蘑菇死亡率最高，在 7.8％～ 48％之間。可能有讀者會說，看起來比斷腸草、蒙汗藥什麼的低多了呀？哈哈，你要是知道吃完後的症狀，就不會這麼說了。

　　毒蘑菇家族中，鵝膏菌屬（Amanita）的蘑菇曝光率最高，最喜歡搞事情，雖然稱不上是第一劇毒的蘑菇，但是 95％被蘑菇毒死的人都是因為它們。其中最知名的是毒蠅傘（*Amanita muscaria*）和毒鵝膏（Amanita phalloides）兩大毒菇，前者

含有 6 種毒素，後者含有 5 種，這 11 種毒素的基本區別主要是化學結構上有異。這些毒素均為致肝毒，輕者引起中毒性肝炎，重者引起急性肝壞死，但是它們的攻擊部位還是有些區別的：毒蠅傘毒素對腎臟、心臟和橫紋肌也有破壞作用，其對腎的損傷主要呈腎病樣改變，讓腎小管（nephric tubule）細胞混濁腫脹直至壞死，臨床上會引起急性腎衰竭；而毒鵝膏毒素只作用於肝。毒蠅傘毒素雖然比毒鵝膏毒素的毒性強 20 倍，且能作用於細胞核，讓肝細胞徹底壞死，但是作用相對遲緩，誤食之後通常會有 15 ～ 30 小時的潛伏期，這階段一般是安全的，沒有任何症狀，頂多偶爾懷念一下那些蘑菇的滋味。70%的人會在吃毒蘑菇後 24 小時內發作，然後就會進入腸胃炎期，由於蘑菇被腸胃吸收，多多少少會有一些上吐下瀉的反應，但是大多不嚴重，一般人也不太當回事，個別嚴重的會以為自己得了霍亂，腹瀉到最後拉出來的都是水，常在一天內自癒。腹瀉也並不是毒蠅傘毒素造成的，而是蘑菇中的其他成分，接下來毒蠅傘毒素就真正開始捲起袖子埋頭苦幹了，人進入「假癒期」，這時候一般也沒什麼症狀，頂多輕微乏力或者食慾下降，但實際上毒素已經開始侵入肝臟細胞甚至腎臟細胞了。肝臟是體內恢復能力最強的器官，如果毒素劑量不多，輕度中毒患者的肝損害不會太嚴重，可由此進入恢復期。如果毒素太多的話，中毒後兩三天，接下來就進入內臟損害期了，肝臟會有肝功能轉

變、黃疸、轉胺酶升高、肝腫大、出血傾向等表現，重者出現
急性肝壞死，同時腦、心、腎等器官損害；如果沒撐過這一階
段，死後屍檢會發現肝臟顯著縮小，切面呈檳榔狀，肝細胞大
片壞死，肝索（hepatic cord）架構塌陷，肝小葉結構破壞，
肝竇擴張，星狀細胞增生或部分肝細胞脂肪病變等，下次大家
買豬肝牛肝羊肝的時候也可以注意觀察一下，看看有沒有這些
症狀。少數患者在死前會出現心律不整、少尿、排尿困難等表
現，還可能出現急性腎衰竭。如果這個人真的特別身強力壯，
這個階段也熬過去了，那麼毒素就會開始攻擊中樞神經，進入
精神症狀期，這時候部分病人呈現煩躁不安或淡漠嗜睡（兩個
極端都有可能是中毒的表現），甚至昏迷驚厥。少部分人會出現
精神失常，不顧場合的哭笑、歌唱或胡說八道，和《哆啦A夢》
裡頭的胖虎差不多，但是數日後會安定下來。如果毒藥持續得
夠久，最終中毒者會和很多毒藥的效果一樣，中毒者因呼吸、
循環中樞受抑制而死。經歷了上述五個階段還沒死的人，一般
都是經過白衣天使們積極搶救的，在2～3個星期後進入恢復
期，各種症狀逐漸消失，肝功能也逐漸好轉，4～6週的時候基
本就沒事了。不過也別完全掉以輕心，毒素也可能在你體內製
造「餘震」，少數患者會在潛伏期後1～2日突然死亡，可能為
中毒性心肌炎或中毒性腦炎等所致。

　　由於蘑菇家族成員實在太多，而且相似的個體也特別多，

每年還會出現很多新發現的物種，所以即使是菌類專家也不敢在野外見到一種蘑菇就斷言它到底屬於哪一種。下次在野外碰見蘑菇的時候，一定不要貪吃。

還有一些毒蘑菇含有神經毒素，如含有毒蕈鹼的毒蠅傘、裂絲蓋傘（*Inocybe rimosa*）和杯傘屬（*Clitocybe*）等，潛伏期大約在 1 ～ 6 小時之間，發病時除了表現出腸胃炎的症狀外，還有神經系統紊亂帶來的副作用：如多汗、流涎、流淚、脈搏緩慢、瞳孔縮小等，少數病情嚴重者會有譫妄、幻覺、呼吸抑制等表現，個別病例甚至因而死亡。除了這些對神經損害很大的蘑菇外，還有些神經毒性比較輕的蘑菇，如角鱗白鵝膏（*Amanita spissacea*）及點柄臭黃菇（*Russula senecis*）等，除了引起腸胃炎症狀外，還伴有頭暈、精神錯亂、昏睡等症狀。即使不治療，1 ～ 2 天亦能康復，死亡率不高。還有含致幻劑的牛肝菌等，除腸胃炎等症狀外，多有幻覺（看誰都好像很矮小，又叫小人國幻視，Lilliputian vision）、譫妄等症狀。部分病例有被害妄想等類似精神分裂症的表現，經過適當治療也可康復，死亡率亦低。裸蓋菇屬（*Psilocybe*）和斑褶菇屬（*Panaeolus*）等蘑菇，吃了以後也會刺激人的神經系統，就像聽了抖音洗腦神曲一樣，不受控制地跳舞、唱歌或大聲狂笑。有些比較落後的原始部落人士沒事還會把那些含有微量神經毒劑的蘑菇吃著玩，尤其是進行奇怪的巫術活動時。

誤食鹿花菌（*Gyromitra esculenta*）等蘑菇後，經過 6 ～ 12 小時的潛伏期，會引起溶血症狀，如貧血、肝脾腫大等，個別人還有血紅素尿。此類中毒對中樞神經系統亦常有影響，會有頭痛等症狀。病後 3 ～ 4 天出現黃疸（jaundice）的症狀，雖然看起來很可怕，但給予腎上腺皮質激素（adrenocortical hormones）及輸血等治療多可康復，死亡率不高。

還有會引起腸胃炎的墨汁鬼傘（*Coprinopsis atramentaria*）、毒紅菇（*Russula emetica*）等，潛伏期從 30 分鐘～ 6 小時不等，發病時表現為噁心、嘔吐、劇烈腹瀉、腹痛等，這類中毒基本上都能自我恢復，很少會弄出人命，若發現誤食的毒蘑菇是這種，真的可以算是生活中的小確幸了。

野外有這麼多有毒的植物，那麼吃動物呢？

動物也有毒，野味別亂碰

看了上一章，大家想必都明白了一個道理，植物不能隨便亂吃，雖然它們不會大戰殭屍，但是有可能把你變成真的殭屍。可是，吃動物就一定安全嗎？當然不是，有毒的動物雖然不多，但是一樣可以致命。

拋去動物本身患病、有細菌或寄生蟲之外，真正體內有毒的動物並不多。提起吃了會讓人中毒的動物，大部分人都會一下子想到河豚或者蟾蜍（癩蝦蟆），不過這兩種東西在臺灣還不

太常見 —— 河豚是非常名貴的食品，必須由專業廚師烹製，只有在高級餐廳才能吃到，一般老百姓恐怕無緣；蟾蜍並不是都有毒，近年來也因為水汙染的關係越來越少，且蟾蜍的毒素主要集中在皮膚的腺體中，有幾個人能做到吃蟾蜍不剝皮呢？所以我們這一章第一個出場的並不是這兩位水生界的明星，而是一種不太起眼的蟲子。

這種叫做斑蝥（*Lytta vesicatoria*）的甲蟲，別名花斑毛、斑貓、芫青、花殼蟲、章瓦、黃豆蟲、西班牙蒼蠅（Spanish fly）等，主產於中國河南、廣西、安徽、江蘇、湖南、貴州、新疆等地區。不管是中國還是其他國家，都有用斑蝥作為藥物的記載。不過中醫一般用它來治療皮膚病，而歐洲經常用它作為催情藥的成分。斑蝥喜歡群聚，常居於忍冬科和木樨科的植物上，如果你去挑逗牠們，牠們會分泌一種氣味辛辣的黃色液體，當中含有 5% 的斑蝥素（cantharidin，芫青素）。這種物質可是有劇毒的，成人口服 0.6 克就會導致中毒，致命劑量為 1.5 克。但也有些倒楣鬼被 30 毫克斑蝥素毒死。有人拿小鼠做實驗，在血管中注射斑蝥素 7.5 ～ 10 毫克，連用 10 天，會致心肌纖維、肝細胞和腎小管上皮細胞混濁腫脹，肺脾瘀血或小範圍出血。其對皮膚黏膜及胃腸道均有較強的刺激作用。最大的受害者還是腎臟，斑蝥素被吸收後，最終由腎臟排泄，會刺激尿道，出現腎炎及膀胱炎的症狀，甚至導致急性腎功能衰

竭，就算只是微量內服，也會出現血尿。除此之外，斑蝥素對皮膚的刺激也非常強烈，會導致皮膚長水泡。

兒童有時候也會不小心吃下蟲子而被毒死。這種死者口唇發紫，唇、舌及口腔頰部、食道黏膜、胃黏膜都出現糜爛。剖開體內會發現胸腔腹腔都有血性積液。呼吸系統中，支氣管上皮脫落，肺部擠壓時會生出紅色泡沫，肺泡壁加寬，血管擴張。腎小管廣泛性壞死，腎中有淤血。肝臟處也有淤血。最慘的是心臟，心肌出現斷裂，心肌間出現水腫，某些大血管內皮細胞脫落，形成微血栓。中毒者的腦膜血管也會充血，最後的死因是重要器官衰竭。

中醫當中有用斑蝥治療狂犬病的說法，有人就曾經用黃酒配斑蝥吃，沒想到馬上就出現口吐鮮血、感覺惡寒、體溫升高、腹痛、腹瀉、尿頻、尿道有灼熱感並逐漸加重，最終搶救無效死亡，死者表情痛苦，有急性腸炎的併發症。之前我們已經說過，狂犬病一旦發病，死亡率百分之百，所以目前中醫裡治療狂犬病的方子都不怎麼可靠，反而可能致命。所以在此呼籲大家千萬別看到古書或民間偏方中有什麼藥用動植物就隨便亂吃，還是去醫院檢查才保險。

不過，斑蝥畢竟是昆蟲，不是誰都能接受把牠們吃下肚子的。我們還是來說說更容易被接受的蟾蜍吧！其實蟾蜍這個概念本身就有些模糊，這種動物也並沒有我們印象中那麼常見，

在臺灣土生土長的只有盤古蟾蜍（*Bufo bankorensis*）和黑眶蟾蜍（*Duttaphrynus melanostictus*）兩種。有些人以為虎皮蛙就是有毒的蟾蜍。虎皮蛙（*Hoplobatrachus rugulosus*）分布於中國、香港、澳門、越南、臺灣、泰國、柬埔寨、寮國和緬甸等國的低海拔耕地、稻田、水池、溝渠等地，牠的外表酷似蟾蜍，但是沒有毒性。這可能是一種用於保護自己的擬態，即長成危險動物的樣子，以防止敵人的侵害。早在南北朝時期，醫學家陶弘景就已經在他的作品中澄清了這一分類學上的錯誤，可是並未改變大家將牠們混為一談的局面，甚至至今有些地區的方言仍把所有的青蛙、雨蛙、樹蛙、蟾蜍都混為一談（雖然這些動物都是屬於兩棲綱無尾目，但是並不是同一科，無尾目大約有45 個不同的科，種類十分豐富），覺得身上有疙瘩的蛙類都有毒。真正的蟾蜍毒素存在於蟾蜍皮膚的腺體中，中醫稱為蟾酥（bufotoxin，蟾毒素），其中最大的一對腺體名叫耳後腺，裡頭包含的蟾酥最多。蟾酥是白色液體，風乾後會變成黑色，會降低人的心率，所以大量攝取提純的蟾酥，會導致劇烈嘔吐、腹痛、腹瀉、心律不整、房室傳導阻滯，甚至心跳停止而死，中國目前嚴禁蟾酥出口。很多中藥行都有黑色的蟾酥片，有興趣的讀者可以去看看。蟾蜍只有在受到強烈刺激的時候才會將分泌的蟾酥擠出體表，黏在其他動物的五官上，引起口舌腫痛、暫時失明等，但是劑量通常不會致命，也沒有民間傳說中

的毒性那麼大。蟾蜍隔一段時間會脫去表皮，然後把自己的舊皮吃掉，所以在野外很難見到蟾酥；人工養殖的蟾蜍，大多是在自己脫皮以前，由工人拿著棉花棒事先幫牠們刮去舊皮。

生物毒素分為注射型和口服型，注射型可以當成一種特殊的消化液，所以可以吃下去。

胃酸也是吞下去沒事，但注射會中毒的液體。

　　至於金庸小說裡提到的莽牯朱蛤，在現實中是不存在的。但是，某些外國蟾蜍（如臭名昭著的入侵物種海蟾蜍（*Bufo marinus*，又名美洲巨蟾蜍、甘蔗蟾蜍，皮膚呈紅褐色）的毒性較強，可以毒死鱷魚、蛇或者其他動物，也有毒死人類的先例。牠們的耳後腺為硬幣大小，噴出的毒液會引起劇痛、發炎和暫時失明。南美洲的亞馬遜地區還有箭毒蛙（Dendrobatidae）之類的毒性驚人的特色品種，但和中國傳統文化所定義的五毒中的蟾蜍並不相同。

不過，萬一真的碰到被蟾蜍毒死的受害者，法醫們會給出什麼樣的鑑定報告呢？雖然蟾蜍的毒素主要集中在表皮，但是食用蟾蜍的肌肉、殘存肢爪、肝臟、卵巢、卵子、幼蟲（蝌蚪）等，都會引起中毒。蟾蜍的分泌液（也就是蟾酥）是一種具有強心作用的固醇混合物，中毒機制主要是興奮神經和直接作用於心肌引起心律不整，還會刺激胃腸道嘔吐、引起局部麻醉等。在服食後半個小時到兩個小時的時間內就會出現中毒反應，主要表現為消化系統及呼吸、循環、神經等系統症狀，也就是說大部分的重要器官都會吃不消。經過解剖發現，其病理變化主要表現為心肌腫脹、肌纖維斷裂，心腦血管擴張充血並見有局部出血，肺水腫明顯，雙肺有散點狀出血；肝、脾、腎等明顯充血，這些出血充血的症狀與毒劑引發的急性循環衰竭伴隨發生的血管通透性增加（血管就像絲襪，可以理解為絲襪的網眼變大了，血就更容易滲漏出來了）密切相關。鼻腔可能會流出血性液體或草綠色渾濁液體，嘴唇和指甲都會變成紫紺色。如果剖開消化道，還能看見草綠色水樣或蛋花樣混濁液體、胃黏膜充血出血等，肛門附近有草綠色蛋花樣遺便，這是由於毒素破壞消化道黏膜，使消化道動力失調導致的，那些嘔吐物與血液、胃酸及膽汁混合後，嘔吐物和排泄物便呈草綠或黑綠色。當然我們剛才說的是喝了蟾蜍煲的湯之後的效果，也有活吞蟾蜍被毒死的案例，屍檢結果略有不同：該患者眼結膜

出血，胃內有汙灰色液體，胃黏膜斑點狀出血；氣管和支氣管內有少量白色泡沫；腦部重度水腫，腦溝（sulcus）變淺。其他心肝肺腎的損害情況和之前我們介紹的大同小異。

　　蟾蜍的毒性看起來很厲害對不對？有研究顯示：對於不同的注射方法，蟾酥半數致死劑量分別為 41.0mg/kg（靜脈注射）、96.6mg/kg（皮下注射）、36.24mg/kg（腹腔注射）。也就是說，你的體重乘以相對應的數值，就知道多少蟾酥會讓你的生還機率只有五成。例如一群體重都是 50 公斤的人，每人只需要 2.05 克就能讓一半的人都死翹翹，想想也是滿可怕的。但是強中自有強中手，還有一種遇到敵人的時候愛把自己鼓起來、看似呆萌的水生動物毒性更大，牠就是河豚。

　　河豚其實應該寫作河魨，只不過前面這個名字實在是太形象了，誰叫牠被捕的時候會脹成一顆球，還會發出類似豬叫的聲音呢！不過牠也不是純粹生活在河裡，海裡也有很多，但是總不能叫海豚吧！不同地區的人替牠取了不同的名字，如氣泡魚、吹肚魚、氣鼓魚、乖魚、雞泡、龜魚、街魚、蠟頭、艇鮁魚等，足以見其分布之廣泛。河豚歷朝歷代都是美食家們交口稱讚的對象，蘇東坡就有冒死吃河豚的先進事蹟。河豚的毒素主要集中在卵巢、肝臟、眼睛、血液中，肌肉和腸胃、魚皮、魚骨等是微毒或無毒的，所以在製作河豚料理的時候一定要注意摘除關鍵臟器和把血放乾淨。不同種類的河豚體內毒素分布

不同，同種河豚在不同季節的毒性也不同，一般晚春初夏懷卵的河豚毒性最大。河豚魚卵經過長達一年甚至幾年的複雜化學處理，可以做成供人食用的魚子醬。最美味的還是河豚的精巢（俗稱魚白、腹膏），可以烤熟後加鹽食用，被文人雅士稱之為「西施乳」，據說味道鮮香甘醇，滑嫩爽口，《天津縣志》記載其「味為海錯（各類海鮮）之冠」。

河豚毒素（tetrodotoxin, TTX）存在於河豚和某些蠑螈、蟾蜍的體內，毒性比大名鼎鼎的氰化物強 1,250 倍，只要 0.0005 克就足以使 1.5 公斤重的小狗死亡，人食用後一旦中毒，毒性發作很快，且一般很難搶救 —— 但是好消息是，河豚毒素在人體內解毒和排泄較快，如果你身體夠好，撐過 8 個小時，大多能恢復。河豚毒的潛伏期為 0.5 ～ 3 小時，由於一般都是吃河豚導致中毒，所以會先出現消化道症狀，如噁心、嘔吐、腹瀉、腹痛，繼而出現感覺和運動功能障礙，口唇、舌尖、肢端及全身麻木、肢體無力、四肢發冷。在海中經常會看到一群海豚頂著河豚打球賽，而且樂此不疲，很多科學家就認為微量的河豚毒素進了海豚的嘴裡，讓牠們感到麻麻的，就像吸了毒一樣。人類可就沒那麼幸運了，神經系統被入侵後，會出現眼瞼下垂、聲音沙啞，還有血壓下降、言語不清、口唇發紫等，嚴重者會出現呼吸困難、心律不整及傳導阻滯、昏迷，最後出現呼吸和循環系統衰竭，死在餐桌邊。

不過，河豚體內的毒素並不純淨，想要把它提純，還是1950～1960年代才有的技術，純的河豚毒晶體對熱不穩定，但是一般的日晒也奈何不了它。TTX可溶於弱酸的水溶液，但在鹼性溶液中易分解，不過鹽醃和一般的烹調方法都不太能消滅它們，所以河豚魚乾也有可能讓人中毒。TTX是目前最強的非蛋白質毒素之一，對人的致死量是每公斤6～7微克（老鼠甚至表現得比人還好一點，最小致死量是每公斤8微克），而且致死率非常高。不過一般人不會拿純的河豚毒素去殺人，因為這種物質的殺菌能力極強，在不超過致死劑量時，對很多疾病都有奇效，有超過嗎啡（Morphine）的止痛效果又不會成癮，所以國際上一克TTX往往能賣到十幾萬美元。河豚毒素之所以這麼狂，最重要的是它能有效阻止鈉離子的傳遞，侵入神經系統後，阻斷了丘腦（thalamus）和下丘腦對人體的控制，最終腦電波完全紊亂。除此之外，經過屍檢，法醫還發現中毒者兩肺胸膜下有點狀出血、肺水腫，細支氣管痙攣；口唇、指甲明顯發紫；胃及腸道平滑肌麻痺、脹氣，胃黏膜出血；其他還有心肌梗塞、腦水腫等，和之前提到的蟾酥中毒有點類似。

　　不過，臺灣現在已經人工培育出無毒的河豚，這樣吃起來就不會那麼提心吊膽了，真乃吃貨界的福音。不能吃的有毒動物還有很多，大部分是位於食物鏈底層的動物，如某些種類的毛毛蟲、海蛞蝓、蛇鯖、海星等；還有些動物自己不生產毒素，只做大自然的搬運工，透過吃有毒植物在體內堆積毒素，如刺

尾鯛、西加魚、石房蛤等，尤其是刺尾鯛毒素（maitotoxin, MTX），強度比河豚毒高 200 倍，一毫克就能毒死一百萬隻老鼠，其主要作用是增加心肌膜的鈣離子流動導致心臟衰竭。由於這些毒素的知名度不高，常人遇到的機率不大，研究的人也相對較少，所以我們在此一筆帶過。

當然，還有些動物雖然被稱為毒物，但卻是可以下鍋的美味，儘管安心食用！比如蛇、蠍子、水母、海膽等。每次講到這個話題的時候，就會有同學驚訝地說：「那東西不是有毒嗎？怎麼能吃！我讀書少你不要騙我！」筆者還算是讀書多的人，每到這時候都忍不住科普一下，同時感嘆一下老祖宗造「毒」這個詞的時候不太講究。英語中，毒可以分為 poison 和 venom，前者是你吃了之後會中毒，後者是注射到你體內會讓你中毒，區別就是牙印在對方身上還是在你身上。之前我們介紹的各種有毒植物和斑蝥、蟾蜍、河豚等，都是 poison 的範疇；而那些會攻擊人類的有毒動物，牠們的毒通通屬於 venom。這類動物的毒腺很多都是消化腺變成的，而且通常只攻擊自己即將吃下去的獵物，自己的體內是沒毒的。萬一那些被注射毒液而死去的小動物也有毒，那牠們不是自己把自己毒死了嗎？所以這些動物的毒往往進了消化道後就失效了。不過那些有 poison 的動物，如果直接把毒素注射到你的血管中，你會死得更快，畢竟從消化道吸收進入血管要隔一段時間。從更深的層面來說，蟾蜍毒是穩定的小分子，消化液奈何不得它；而蛇毒蠍毒

等都是蛋白質，進入消化道後，你胃裡的蛋白酶就把它們分解了，除非你有胃潰瘍，要不然根本沒什麼事。這並不是說那些毒液殺手危害小，下面，我們就來認識一下那些帶有毒牙、毒刺的可怕攻擊者。

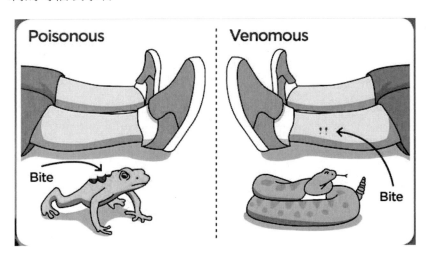

五毒天團

要說中國最有名的的毒蟲團隊，那就是五毒了。他們分別是：蜈蚣、蛇、蠍子、壁虎和蟾蜍。五毒對中國文化的影響可以說是源遠流長，在戰國時期，人們就有端午節灑石灰、雄黃酒來驅趕五毒的習俗（有些地方還會做繡著五毒的枕頭、剪五毒形狀的窗花、雕刻五毒形狀的木窗櫺等）。熱愛美食的中國人還嫌不夠，江蘇中部以韭菜、金針花、木耳、銀魚、蝦米炒在一起，象徵五種毒蟲，稱為炒五毒；山東人則把辣椒、蔥、薑、

蒜、香菜五種有刺激味的東西混在一起炒，也叫炒五毒。有些地方還會吃炸蟲爪，用來嚇唬和「詛咒」五毒。

不過，這個所謂的最強毒蟲天團，當中卻有一些蒙冤的。我們可以確信壁虎是五毒中的安全分子。壁虎，雅稱守宮、蝘蜓、簷龍，俗稱蠍虎、爬牆虎、巴壁蜥等，是一種全國都很常見的小蜥蜴。古人認為，壁虎尿有毒，噴在皮膚上會瘙癢、起水泡。但是，飼養壁虎作為藥材的藥農都知道，壁虎尿沾在手上並不會造成任何不良反應，這只是一種民間傳說，最早可能是某些尿液過敏的人得出結論，這種人碰到誰的尿都會起不良反應，這個鍋不該讓壁虎來背。如今的科學分析也表示，壁虎尿和其他動物的尿並沒有很大區別，也是以尿素為主，就像早期南美洲的印第安人認為番茄是有毒的水果一樣，是一種未經驗證的錯誤印象。還有人用稀釋的壁虎尿液養魚，也沒有發生魚類中毒的現象。壁虎肉更是無毒，有人拿壁虎肉餵養其他動物，不論是鳥類還是哺乳動物都未曾中毒。在日本的伊賀和栃木地區，碳烤壁虎更是一道讓當地名利雙收的特色菜。

剛才說了壁虎是一種小蜥蜴，那是不是古人把其他蜥蜴和壁虎弄混了呢？我們翻遍蜥蜴家族，也只有毒蜥科毒蜥屬的兩種蜥蜴有毒，牠們分別是美國毒蜥（*Heloderma suspectum*）和墨西哥精蜥（*Heloderma horridum*），都分布在美洲，中國的古人是不可能見到牠們的。而且牠們雖然與壁虎同屬於蜥蜴目，但是體型龐大肥碩（體長 0.5 ～ 1 公尺），行動緩慢，一點也沒有

壁虎游牆的靈巧樣子，寬大的口和扁扁的腦袋反而使牠們看起來像娃娃魚一類的動物。與毒蛇不同的是，牠們的毒牙長在下顎。這兩種毒蜥的毒牙比較小，毒性也不強，只能毒死老鼠、小鳥之類的小型動物，並不能對人類造成致命傷害。因此，即使讓壁虎的這位遠房表親來加入五毒門，也有點名不副實。有人說壁虎的尾巴斷了會爬到人的耳朵裡把耳膜鑽破，這就更無從說起了，別說尾巴根本沒腦子，就算是有腦子的小蟲，要鑽進人耳裡也不是一件容易的事情，再說尾巴鑽耳朵和「毒」有什麼關係？鑑於壁虎是實實在在的冒牌貨，所以很多近現代武俠小說中提到苗疆五毒教的時候，都不好意思把壁虎寫進去，而用蜘蛛來代替壁虎。不過臺灣的蜘蛛大部分也都是特別袖珍的小生靈，根本不致命，像黑寡婦（*Latrodectus mactans*）、捕鳥蛛（*Theraphosidae*）之類的怪物級別蜘蛛都不是亞洲原產，只要你別放蕩不羈把牠當寵物養在家裡，基本上不會被牠咬到。

蜈蚣歷來被奉為五毒之首，以秒殺獵物而著名，連《西遊記》裡頭都把蜈蚣精設定為少數幾個能團滅取經小組的妖精之一。很多小蟲一碰到蜈蚣的毒牙就會立即斃命，可是蜈蚣的體型通常很小，有些甚至小到連人的皮膚都咬不破，分泌的毒液量也少得可憐，對人體無法構成實質上的威脅。一般來說，蜈蚣越大，毒性就越強，但相比於毒蛇和大型的蜘蛛、蠍子，蜈蚣的毒腺明顯較小，毒液劑量也只能殺死較小的動物。即使是東南亞的哈氏蜈蚣（*Scolopendra subspinipes*，身長可達到 20 幾

公分），咬人後也很難致命，只會在螫傷局部出現紅腫、灼痛；同時產生淋巴管炎，但被咬者的全身反應較輕，會出現畏寒、發燒、頭痛、噁心、嘔吐、脈搏增快、譫語及抽搐等。另外，一種類似蜈蚣的動物 —— 馬陸，也經常被人誤認為是蜈蚣（不同的是馬陸的軀幹是圓筒形，蜈蚣是扁的），其實馬陸只會分泌一種有臭味的微毒黏液，可是在傳統文化中，這兩種動物都被稱為千足蟲，被認為是同一類動物。臺灣本土的蠍子八重山蠍也是體型嬌小，而且幾乎無法致人於死。由於蠍子的種類繁多，蠍毒的最小致死量差別也很大，但被蠍子螫傷後的反應幾乎是一樣的，主要表現為局部灼痛，感覺過敏，紅腫和淤斑；瞳孔放大，眼球震顫，唾液分泌過多，吞咽困難和躁動等中樞神經系統、自主神經系統症狀；被刺傷的皮肉有時候會壞死，偶爾表現出呼吸和心臟衰竭，甚至死亡。但蠍毒的半衰期很短，也就是說，毒素在體內代謝很快，即便不搶救，很多人也能撐過去。比起殺人，現在的學術界彷彿更關心蠍毒救人的相關事宜，一搜文獻幾乎都是蠍毒的藥用價值。說句題外話，古人的分類學在今人眼中有時是很奇葩的，比如認為熊和猩猩是類似的動物，很多根本不是昆蟲的動物取名字時也加上了虫字旁，還有一些乾脆把包括人在內的一切動物都稱之為蟲。

五毒當中最引人注目的是蛇，蛇雖然大部分是沒毒的，但是毒蛇的種類和牠們的毒素種類都是難以讓人忽視的，根據不完全統計，全世界有 3,000 種蛇，毒蛇大概有 15%，也就是

450 種，和其他毒蟲比起來，毒蛇的體型明顯要大上好幾倍，最大的眼鏡王蛇（*Ophiophagus hannah*，脖子能膨脹成長方形）甚至有 6 公尺長，可以吃掉某些蟒蛇。在臺灣，六種最致命的毒蛇分別是：雨傘節（*Bungarus multicinctus*）、赤尾青竹絲（*Viridovipera stejnegeri*）、眼鏡蛇（*Naja*，有別於眼鏡王蛇，脖子膨脹後呈大圓餅狀）、鎖鏈蛇（*Daboia siamensis*）、龜殼花（*Protobothrops mucrosquamatus*）、百步蛇（*Deinagkistrodon*）。我們在此就先拿最惡名昭彰的蝮蛇（*Viperidae*）舉例吧！臺灣的六大毒蛇中，蝮蛇家族就有赤尾青竹絲、鎖鍊蛇、龜殼花、百步蛇列席，占了三分之二。《三國志》中就曾經記載「古人有言，蝮蛇螫手，壯士解其腕」，可見其毒性。和大部分毒蛇一樣，蝮蛇的咬傷部位通常在上下肢上，被咬傷的病人除局部出現腫脹、疼痛外，常發生畏寒、視力下降、眼瞼下垂、頸項有牽引感，當然更重要的是引起呼吸困難，如過度換氣（hyperventilation）等，呼吸麻痺是早期死亡的主要原因。

　　之所以會出現上述症狀，是由於蝮蛇的毒液當中含有神經毒素，會作用於自主神經系統，抑制神經傳遞物（neurotransmitter）傳遞，就像把人體機器的重要電線剪斷一樣。神經紊亂後，會興奮腎上腺髓質中的神經受體，釋放腎上腺素，使血壓升高；毒素也會使腸胃道平滑肌興奮性先增高，而後轉向抑制，發生腸麻痺；毒素還會影響腦幹的血管運動中樞和呼吸中樞，

導致休克和中樞性呼吸衰竭。同時,蝮蛇毒液中還含有破壞血液循環的作用,不僅直接破壞紅血球,甚至還直接作用於心臟,所以單純的人工呼吸並不能延長動物的存活時間。臨床病人也常出現面色蒼白、多汗、心跳加速、四肢厥冷、血壓下降等嚴重中毒性休克症狀。屍檢結果顯示,中毒者心肌出血、心肌纖維斷裂,這通常是主要的死因。由於休克、溶血及對各臟器的直接損害,被蝮蛇咬的人會發生酸中毒、急性腎功能衰竭等,被嚴重咬傷的患者常出現醬油色尿以及蛋白尿、血尿等。除了神經毒素、血循環毒素和混合毒素之外,還有一種細胞毒素(cytotoxin),主要攻擊肌肉細胞,在海蛇(*Hydrophiinae*)中比較常見。

至此,五毒都被我們說了一遍,除了五毒之外,蜂類也是常見的毒蟲(比五毒常見多了),而且分布範圍廣,只要溫度不過低,幾乎天天都可以看見,而且可怕的是這類昆蟲又愛群聚又會飛!不過,既然這麼可怕,為什麼沒有入選五毒呢?因為蜂類的毒性和毒液量都比較小,即使是世界上最毒的蜂,也很難單憑一己之力螫死人(過敏者可能會出現例外),團體作戰的人還想混跡五毒門派當大俠?就像桃谷六仙雖然殺傷力驚人,但是組團戰鬥,畢竟不是江湖兒女學習的對象,哪次高手排行榜中都輪不到他們。我們最常見的蜂是蜜蜂,牠們通常是群居,體型嬌小,胖瘦適中。一個蜂巢有一隻能繁殖的女王蜂,

還有一些除了提供精子外沒什麼用處的雄蜂，占蜂群數量最多的是工蜂，牠們都是蜂王的女兒，只不過先天有缺陷，無法繁殖，而且最多只能活半年。蜜蜂的腹部末端有一個帶倒鉤的毒針，平時縮在體內，蜇人時就會伸出來，刺入人皮膚後無法即時拔出，毒腺（poison gland）就會把腸子也拉出來，蜜蜂也就跟著 GG 了。

蜜蜂的毒素是酸性的，蜇人之後通常會出現局部紅腫，數小時後恢復正常，如果刺留在體內，則有可能化膿。蜂毒中占比重最大的是蜂毒溶血肽（melittin，簡稱蜂毒肽），是一種擁有巨大藥用價值的化合物，甚至還有一種用來治療關節炎的奇葩蜂刺療法，其實這並不是訛傳。蜂毒肽是人類迄今為止已知的消炎活性最強的物質之一，但是又有較小的心臟毒性。由於其特殊的自殺性襲擊和較小的毒性，普通蜜蜂並不會蜇人致死，但也有能殺人的種類，牠們就是由東非蜂（*Apis mellifera scutellata*）和巴西蜜蜂雜交而成的一種特殊蜜蜂 —— 殺人蜂（Africanized bee，非洲化蜜蜂）。殺人蜂雖然是 1950 年代偶然產生的，但是繁殖能力極強，據不完全統計，全世界已經有十億隻，主要分布在美洲大陸。在短短的半個世紀中，殺人蜂已經殺死一千多人，遠遠超過毒蛇、蠍子、毒蜘蛛等其他毒蟲殺人數量的總和。其實殺人蜂和普通蜜蜂的毒性差不多，只不過普通蜜蜂的脾氣比較好，蜇人的時候也就 30 ～ 40 隻一起出

動，而殺人蜂卻是動不動3,000～4,000隻發起猛攻，而且飛行距離非常遠，能追殺目標24小時以上，即使你躲到水裡，牠們也能在旁邊等1～2個小時。剛才我們提到，蜂毒肽是一種溶血性心臟毒素，會讓血管收縮，並破壞細胞膜，半數致死量為每公斤4毫克，受害者在被蜇以後，普遍全身上下都出現紅腫，出現頭痛、噁心、嘔吐、發燒、腹瀉、氣喘、氣急、呼吸困難等諸多症狀，以致肌肉痙攣，昏迷不醒，嚴重者出現溶血、急性腎功能衰竭，最終導致死亡。雖然殺人蜂殺傷力強，但脾氣大本事也大，產蜜量非常高，對於蜂農來說，穿個防護服就萬事大吉了。

可是如果遇到黃蜂，性質就不一樣了。黃蜂和蜜蜂並不是同一科的動物，食性和蜜蜂也不同，大部分是吃肉的。我們常說的虎頭蜂就屬於黃蜂家族，牠們的毒素是鹼性的，而且毒刺上不帶倒鉤，可以重複使用，平時大部分作用是刺傷自己的獵物，但在刺傷其他大型動物也是不會猶豫的。黃蜂毒素很複雜，由多種蛋白質、多肽、酶組成，有致溶血、出血的作用，還會侵害神經系統，它還會隨著體內循環，在人體內部搞破壞，損害心肌、腎小管和腎小球（glomerulus），尤易損害腎小管。在被黃蜂攻擊後，受蜇的皮膚立刻紅腫、疼痛，甚至出現瘀點和皮膚壞死；眼睛被蜇時疼痛劇烈、流淚、紅腫，可能發生角膜潰瘍甚至失明。黃蜂比蜜蜂罕見得多，一般來說，

人一次只會被一兩隻黃蜂攻擊，所以關於黃蜂毒素致死量的記載比較少，一般來說 500～1,000 隻黃蜂蜇人會導致死亡，如 1985 年的臺南曾文水庫虎頭蜂事件。如果運氣不好真的碰見這麼一大群，中毒量比較大時，全身症狀有頭暈、頭痛、嘔吐、腹痛、腹瀉、煩躁不安、血壓升高等，體內的酸鹼平衡也被打破，電解質也出現紊亂。以上症狀一般在數小時至數天內消失；嚴重者會有嗜睡、全身水腫、少尿、昏迷、溶血、心肌炎、肝炎、急性腎功能衰竭和休克症狀，伴有肝臟損害者出現黃疸和肝功能異常。中樞及周圍神經發生脫髓鞘病變（demyelinating neuropathy）者則出現肌肉無力或周圍神經炎表現，最終導致死亡。部分對蜂毒過敏者表現為蕁麻疹、過敏性休克等。還有些蜂毒含有前列腺素，作用於細胞壁進而導致細胞死亡，還會攻擊自由的多形性淋巴細胞、促發炎症等。

　　和颱風或者空氣品質一樣，黃蜂也根據危險程度按照顏色劃分為幾個等級，最安全的是綠色，不會主動攻擊人類；黃色等級的黃蜂危險係數較低，基本上能與人和平相處（就是通常被我們稱作「馬蜂」的那一類）；而橙色的危險係數就比較高了，必須及時處理。那麼，不算是黃蜂的殺人蜂要標注為什麼顏色呢？哈哈，當然是最能表示警戒的紅色了。除此之外，還有很多其他的有毒動物，水母、海葵、藍環章魚（*Hapalochlaena*）、海膽甚至不起眼的芋螺（Conidae）等，都會釋放致命的毒素。

他們竟然都死於食物中毒

西元前 486 年（也有的典籍記載其他年分），佛祖釋迦牟尼去世，享壽 80 歲，死因為食物中毒。什麼？堂堂佛祖死於食物中毒？放心，我讀書多，不會騙你的。在佛教典籍《長阿含經》和《大般涅槃經》（般音同「波」）中都有記載，佛祖帶領徒弟們巡遊講學，有個名叫周那（Cunda，又譯為純陀）的鐵匠為其供奉了檀樹上的木耳，當時人們認為這是很珍貴的食物，佛祖一個人吃了一部分，腹痛難忍，吩咐其他人不要吃這個木耳，把剩下的都埋了，最後拉血痢疾而圓寂。原來新鮮木耳當中含有一種名為卟啉（porphyrin）的感光性化學物質，進入人體之後會引起一種太陽一晒就皮膚瘙癢發炎的病，這是卟啉破壞細胞的反應，從古籍中看，佛祖當時吃了很多木耳，而大量的卟啉類物質進入人體後，曝光部位皮膚會出現紅斑、水腫、丘疹，嚴重的會出現水泡。還有一小部分人可能會出現頭痛、頭昏、發燒、噁心、嘔吐、腹瀉、便血甚至呼吸困難之類的中毒症狀。佛祖當時已經是 80 歲的老人了，而印度本來就是一個光照充足的國家，如果他本身再有一些過敏體質，那被木耳毒死就不奇怪了。一般來說，我們吃的木耳都是晒乾後再泡發的，這樣就不會中毒了。但是，另一種更常見的木耳卻會讓大人小孩都進入加護病房搶救 —— 那就是泡得太久的木耳！

相比於新鮮木耳中毒，泡得久的木耳中毒可以說是屢見不

鮮了，有很多人在泡了木耳之後，可能過了兩三天才想到要吃，這時候木耳已經被細菌或真菌入侵，出現變質、有異味、腐敗等現象了，但是當事人捨不得丟，依舊把這些木耳下鍋做菜，結果導致腹瀉、噁心等不良反應，嚴重的會出現多重器官衰竭。所以我們的佛祖也可能是吃了變質的木耳才被毒死的。在所有出現於腐敗食物裡的微生物中，黃麴毒素（aflatoxin）可以說是當中的 MVP。黃麴黴菌（*Aspergillus flavus*）是一種腐生真菌，存在於土壤、各種糧食、堅果、乳製品、食用油中，由於黃麴黴菌喜歡熱帶或是亞熱帶的氣候，所以在臺灣屢見不鮮。黃麴黴菌當中含有黃麴毒素，這是一組化學物質的合稱，細分的話有 12 種，用 B1、B2、G1、G2 等代號標注。其中毒性最強的 B1，半數致死量為每公斤 0.36 毫克，毒性是氰化鉀的 10 倍（經常看《名偵探柯南》的讀者對這個杏仁味的劇毒藥品肯定不陌生），是砒霜的 68 倍（早知如此潘金蓮買什麼砒霜啊！弄點發霉的花生給武大郎吃了就好 —— 不過宋朝時中國還沒有花生，弄點發霉的白米總可以吧），1988 年就被國際癌症研究機構（International Agency for Research on Cancer, IARC）列為一級致癌物。歐盟規定，在 1 公斤人類的日常生活消費品當中，黃麴毒素含量不能超過 0.05 微克。

黃麴毒素最主要的攻擊部位是肝臟，會讓中毒者出現肝炎、肝硬化、肝壞死等；急性中毒者臨床表現有胃部不適、食慾減退、噁心、嘔吐、腹脹及肝區觸痛等；嚴重者 2 ～ 3 週內會出現肝脾腫大、腹腔積液、下肢水腫、黃疸、血尿等症狀，也會出現心臟擴大、肺水腫等，更嚴重者昏迷甚至抽搐而死。屍檢結果可以發現，中毒者肝細胞核腫脹、脂肪變性（steatosis）、出血、壞死，膽管上皮、纖維組織增生；同時腎臟也可能受損害，主要表現為腎曲小管上皮細胞變性、壞死等。但是古代的科學技術肯定不會知道這麼多細微層面的知識。試想一下，如果武大郎是被黃麴黴菌毒死的，那麼武松就沒有藉口

殺死潘金蓮，就不會被發配後逼上梁山，就不會日後招安擒方臘，整個中國歷史或許就要改寫……扯遠了，還是回來說黃麴毒素。黃麴毒素是目前發現的最強的致癌物質，主要誘使動物發生肝癌，也會誘發胃癌、腎癌、直腸癌及乳房、卵巢、小腸等部位的癌症，作為慢性殺人藥來看是個不錯的選擇。

在現實中，食物中毒致死大多是意外事件，因為用它來謀殺運氣成分太大，如果凶手也必須一起吃飯就好笑了。黃麴黴菌最喜歡汙染花生、玉米、稻米等，較少出現在肉類當中，但別以為吃肉就不怕食物中毒了，恰恰相反，吃腐敗的肉往往更致命。

我們再緬懷一下另一位偉大的歷史人物 —— 唐朝大曆五年（西元 770 年），詩聖杜甫一家被洪水困於一葉小舟上，往返於湖南境內的衡陽、耒陽、郴州等地，有一次連續五天沒吃飯，耒陽縣令送來很多牛肉，杜甫吃後不久就去世了，享年 59 歲。

按照《新唐書》、《舊唐書》的說法，杜甫有可能是撐死的，才會在吃下牛肉一天後就去世了，但是也有一些證據表示杜甫接受牛肉後還輾轉去了長沙、岳陽等地，最後在去岳陽的路上才死的。如果是這樣，那他最有可能是捨不得丟掉剩餘的肉，最後食物中毒而死。牛肉等肉類食物中含有豐富的脂肪和蛋白質，很容易受到細菌和真菌的青睞，在裡頭大量繁殖，並產生毒素。常見的有沙門氏菌（*Salmonella*）、葡萄球菌（*Staphylococcus*）、變形桿菌（*Proteus*）等，其中毒性最強的是

肉毒桿菌（*Clostridium botulinum*），又叫臘腸桿菌。

　　提起肉毒桿菌的名字，大家想必都不陌生，美容專家經常將肉毒桿菌毒素（botulinum toxin, BTX）用在在化妝品中。肉毒桿菌毒素在所有細菌毒素 —— 哦不，在所有受抑制的毒素中都是毒性最強的，純淨的肉毒桿菌，1 毫克就能毒死兩億隻小白鼠，對於人類來說半數致死量為每公斤 0.1 ～ 1.0 奈克，1 奈克相當於 0.001 微克，1 克毒素就能毒死一百萬人，可以想像其毒性有多大了吧？肉毒桿菌毒素主要的作用是抑制神經傳遞，當人食入含肉毒桿菌毒素的食物後，潛伏期從 6 小時到 12 天不等，一般 3 ～ 4 天後出現臨床症狀，病初頭痛、頭昏、眩暈、乏力、噁心、嘔吐，然後就會呈現明顯的神經紊亂症狀，如視力模糊、眼瞼下垂、瞳孔放大、語言障礙、吞咽困難、呼吸困難（相關肌肉癱瘓所致）等，由於頸肌無力，頭會向前傾或傾向一側，這時候一定要告訴身邊的人自己不是在裝可愛，而是有了生命危險。由於這種毒素會讓植物神經末梢先興奮一下後抑制，故淚腺、汗腺及唾液腺等會先分泌增多而後減少；血壓先正常而後升高；脈搏先慢後快；還常伴有頑固性便祕（這和直腸那邊的肌肉使不上力有關）、腹脹、尿滯留等。最可怕的是，中毒者在整個過程中神志清楚，感覺正常，不會發燒。如果不及時搶救，繼續任其發展，會由於呼吸肌麻痺引起呼吸功能衰竭而死亡，重症者的死亡率在 30%～ 60% 之間。屍檢結果

可以發現，中毒者的腦及腦膜顯著充血、水腫，並有廣泛的點狀出血和血栓形成，顯微鏡下可見神經節細胞變性，腦幹神經核也會受損。

　　值得注意的是，肉毒桿菌本身是無害的，它分泌的毒素才致命，少量的肉毒桿菌進入腸道後，由於那裡早就被其他菌群占據，所以肉毒桿菌無用武之地。腸道菌群尚未形成的小嬰兒們可就慘了，1 歲以下的孩子們最容易成為肉毒桿菌的犧牲品，很多嬰兒猝死的元凶就是它。鑑於肉毒桿菌可以大量繁殖，曾經一度被作為生化武器。

　　肉毒桿菌分布於土壤、動物糞便中，借助食品、農作物、水果、海鮮、昆蟲、禽類等傳播，由於它是厭氧菌，所以最喜歡在罐頭、醃製食品、香腸中寄宿。如果縣令當年送給杜甫的是醃肉（按照湖南人的飲食習慣大有可能），那麼杜甫是死於食物中毒的機率就很大了。由於肉毒桿菌毒素有抑制神經傳遞的功能，因此醫學界把它應用於停止面部神經抽搐，除此之外，它還有除皺、治療斜視和偏頭痛等功能，不過醫用的肉毒桿菌毒素計量都很小，一般僅僅注射幾十個單位（一個單位的肉毒毒素是指一隻 20 克的小白鼠能承受的極限劑量），以保證安全。那麼我要是被醫生用這種藥殺了呢？我只能說，醫生手裡那麼多種藥，想殺你的辦法多得是，幹嘛幫你注射這麼貴的。

　　還有一位據說也是死在吃上的名人也不難引起我們注意。

民國十六年二月二十六日（西元 1927 年 3 月 29 日），剛滿 70 歲的康有為到山東青島一個廣東老鄉家裡（有相關資料記載這位老鄉家裡是開餐廳的，叫英記酒樓）飽餐了一頓非常道地的粵菜，之後還喝了一杯柳橙汁，誰知回家後便嘔吐不止，根據日本醫生的說法，這是食物中毒。康大師夜觀天象後，說自己壽命已盡，七竅流血，暴斃而亡，康有為的死因至今仍疑雲密布，甚至有人認為是慈禧派出的殺手，已追殺其二十多年，大清亡國後還鍥而不捨，最終投毒成功。這場神祕的死亡事件，到底是道德的淪喪，還是讓人性的扭曲？不論如何，那杯柳橙汁都會讓人不由得想起一個流傳廣泛的說法 —— 「蝦子和維他命 C 一起吃，會變成砒霜」。

　　該說法的理論依據是，蝦肉中有濃度較高的五鉀砷化合物，這種物質食入體內，本身對人體並無毒害作用。但在服用具有還原性的維他命 C 之後，由於化學作用，使原來無毒的五價砷（arsenate, AsV）轉變為有毒的三價砷（arsenite, AsIII），以三氧化二砷（arsenic trioxide）的形式存在，這就是們俗稱的砒霜。這觀點聽起來沒毛病，其實海洋動物體內的砷元素主要是以有機物砷甜菜鹼（arsenobetaine, AsB）的形式出現，通常占可提取砷的 80%，濃度約為每公升 1 ～ 300 微克，可是砷甜菜鹼並沒有作用於人的毒性，基本可以原封不動地排出體外，倒是有些研究發現可以它可以促進小雞的生長。

其他的無機砷化合物確實以三價砷為主，但是對比剛才提到的那個濃度——人要是想靠吃蝦而死於砷中毒，恐怕要吃 100～150 公斤蝦肉和十幾瓶維他命 C，還沒吃完你就先撐死了。有人說，砷會聚集在人體內，時間久了就會慢性中毒，拿破崙不就是這麼死的嗎？可是大家別忘了，維他命 C 是極不穩定的物質，溫度稍微高一點就會分解，也無法在人體內累積，所以希望大家理性吃飯，不要傳播謠言，要不然讓那些賣檸檬蝦的泰式餐廳情何以堪？

那麼，康先生到底是怎麼死的呢？由於時間過去太久，已經無從考證，如果是投毒的話，國民黨、日本人、清朝遺老都有嫌疑，但考慮到康老師年事已高，不久之前好像還做過一次瘋狂的手術，導致身體情況不佳，所以我認為最大的可能性是——吃飽了撐死的。那為什麼七竅流血？可能是消化道破裂吐血，從嘴裡通到五官的其他地方吧！

第五章　如果你想當法醫

　　寫到這裡，這本史上最不正經的法醫書也接近尾聲了，但是我們的法醫學知識也只講了冰山一角，為了不和寫教材的其他作者大大搶飯碗，很多專業的東西筆者都沒有提，如果這本書能賣得不錯，那麼筆者會在續集當中繼續講更多關於法醫學的知識。接下來，筆者就講一些和法醫學不太相關、但是和法醫本身相關的東西吧！

菜鳥法醫如何克服心理障礙

　　在完稿幾分鐘之前，我看到一篇貼文：某女生說：「前男友是殯儀館的禮儀師，其他方面都很好，我和他分手的唯一原因是，他看到我睜著眼睛躺著時，都會習慣性地用手把我的眼皮合上！」同樣，提起法醫這個職業，很多人心裡也會有點不舒服，更別提相親時遇到這個的職業的人了，大多數對這個行業不了解的人都會覺得和他們過一輩子讓人難以接受。

　　我們很難透過一兩本書、一兩部電視劇在短時間內改變大眾的印象，所以很多時候就不得不採取其他方法。其實，前文也說了，驗屍只是法醫工作的一部分，其他如驗傷、身分鑑定等也都是法醫會涉及的。所以如果你是個法醫，相親時又不想讓對方戴著有色眼鏡看你，大可說自己是「犯罪證據鑑定科學家」，這樣至少對方不會被嚇跑；當然如果相親對象是你很討厭的類型，那你就直接往重口味的地方說吧！（雖然有點不厚道）別讓介紹人太難堪就行。

幾乎所有剛踏入此行的法醫人員，都會對解剖死者之類的事情難以接受，從而產生無法得出面積的心理陰影。在此，筆者身為擁有心理學碩士學位的專業人員，可以向大家介紹幾種簡單的自我或需要他人輔導的療法。

系統減敏法（systematic desensitization）

人看到死者或者其他殘破的屍體時，都會有一點恐懼心理，這是一種正常的條件反射，也是一種天生的自我保護。我們的潛意識裡已經形成了這樣的慣性思維（thinking set）：這裡有死人＝這裡很危險，身體為了應對可能出現的威脅，馬上進入了緊張的狀態。但是法醫實驗室的屍體其實沒那麼危險，這時候就要用系統減敏法來建立新的條件反射了。首先你需要學會做放鬆訓練，在安靜的環境中，選一個舒服的坐姿或者躺著，透過冥想、自我暗示、調整呼吸來放鬆自己全身的肌肉—沒錯，這和瑜伽很接近。在肌肉放鬆之後，你的神經也就會跟著放鬆了。

接著，把自己害怕的東西排個隊，用數字表示害怕的程度，比如完全不害怕的狀態打 0 分，進入解剖室是 25 分，走近屍體觀察是 50 分，觸摸屍體是 75 分，親自動手解剖屍體是 100 分，每兩個等級之間的害怕差別度大致相等。剛開始的時候，你可以靠想像來接觸這些不同等級的恐怖事物，從最初級開始，如果一想到它就會不由自主地緊張，那就停止想像，退回到下面一級，直到不緊張為止。當想像已經無

法阻止你前進的腳步時，接下來就該一步一步接觸真實的世界了。和想像一樣，也是從級別低的入手，逐步接近高級別的恐怖事物。

這種療法的原理，在神經學上被稱為相互抑制（reciprocal inhibition），透過不斷接觸，使原本讓你覺得恐怖的事物逐漸失去作用。如果你覺得這個方法太慢，而你也覺得自己應該是個膽子比較大的人，那麼你可以試試下面這種相對刺激的療法。

洪水療法（flooding therapy）

洪水療法又叫暴露療法，和系統減敏法相反，這個療法不是讓你先接觸低級別的恐懼，而是一下子就讓你接觸最高級別的恐怖事物。接觸的方法可以是想像，可以是幻燈片，也可以是電影，或者一直在他耳邊描述也行。這段期間允許你有緊張的反應，但是不許採取摀耳朵、閉眼睛、叫喊等逃避措施，否則恐怖感會加劇。即使因焦慮、緊張而出現心跳加劇、呼吸困難、臉色發白、四肢冰冷等神經系統反應，可是你最擔心的可怕災難並沒有發生，多刺激一會兒，焦慮反應也就相應地消退了。

這個療法聽起來很不人道，身體不太好的同學最好不要嘗試。精神科醫生在推薦這種療法之前，都要簽訂合約，以免之後出事。該療法起效較快，但是弄不好會讓人變得更嚴重，所以一定要謹慎嘗試。

理性情緒行為療法（rational emotive behavior therapy, REBT）

　　這個療法屬於認知層面的，基本理論為：引起人們情緒困擾的並不是外界發生的事件，而是人們對事件的態度、看法、評價等認知內容，因此要改變情緒困擾，不是致力於改變外界事件，而是應該改變認知，透過改變認知，進而改變情緒。我們可以認為外界事件為 A，人們的認知為 B，情緒和行為反應為 C，因此其核心理論又稱 ABC 理論。外界事件本身並無好壞之分，關鍵是看我們怎麼看待它（彷彿一下子跳到哲學層面了），我們要訓練自己進行邏輯思維與分析，學會以客觀、合理的思維代替舊的非理性的思想。什麼是合理的信念呢？合理的信念大都是基於一些已知的客觀事實（死者僅僅是一具屍體），而不合理的信念則包含更多的主觀臆測成分（死者非常恐怖、噁心）；合理的信念能使人們保護自己，努力使自己愉快地生活（屍檢是一項需要做好的工作），不合理的信念則會產生情緒困擾（屍檢太恐怖了，我做不來）；合理的信念使人更快地達到自己的目標，不合理的信念則使人難以達到現實的目標而苦惱。關於怎樣營造合理的信念，常見的方法有：與不合理的信念辯論，緊緊抓住思想中的非理性內容，透過不斷重複的辯論，使自己感到為自己信念的辯護變得理屈詞窮；在腦海中想像自己忍受不了的這些事情，以及前輩是如何應對的，逐漸讓自己的不合理情緒轉變為正向合理的情緒。筆者的敘述或許還不夠到位，如果你真的步入這一行業，希望你能多多向前輩們學習。

　　關於自我心理輔導的方法還有很多，這裡只介紹幾種簡明易懂的。最重要的是，有事別憋在心裡，就算不願意找同事或朋友們說，也可以找醫生，千萬別怕遭受歧視，因為你或許會發現一精神科醫師這個職業比你受到的歧視還多。唯一不同的是，在餐桌上吃飯時，大家都希望醫生們談談自己的工作，而希望法醫最好閉口不談自己的工作。

法醫的準備工作

　　很多人會覺得法醫這個職業很不衛生，在都市傳說中，流行著屍體上帶有屍毒的說法。其實，這個說法完全沒有根據，人體當中看不見的微生物主要是細菌和病毒，之前我們說過，病毒就像一個只會吃的嬰兒，如果人死了，體內循環停止，它很快也會跟著完蛋。而細菌就更不用考慮了，研究細菌的專家和醫學專家們的實驗室裡，細菌量可能比你一輩子接觸到的還多。有些打著科學名義的粉絲專頁總是說，動物死前由於高度緊張，體內會產生很多有毒物質，人吃了害處很大……其實就算動物死得心甘情願，體內還是會有帶一些廢物，但只要是蛋白質類的東西，加熱烹煮之後就失效了。

　　但是，戴手套是必要的，不僅是為了不沾染屍體的臭味，也是為了防止自己的皮屑、毛髮落到屍體上，影響檢驗結果。試想一個檢驗屍體表皮 DNA 的工作做完，最後報告上寫著檢驗結果指向法醫本人，這該是多麼尷尬啊！

其他要注意的戴帽子包住頭髮、穿上防護服、不要在現場流眼淚、挖鼻孔、隨地吐痰什麼的，應該都不用我說了，總之，注意個人衛生是很重要的。清潔自己的工具也同樣重要，萬一不乾淨，不僅有可能汙染鑑定樣本，還會引起衛生問題。還有人問了，解剖的時候不小心用刀劃破自己的手，該怎麼辦呢？這時候一定不要慌張，用大量的水沖洗，然後再用酒精棉消毒就好了。法醫界有這樣一個說法，就是被解剖刀切傷的時候，血流越多越好，因為血液大量往外湧，其他細菌之類的東西就無法進入。什麼？你不小心把血液流了死者一身？這位同學你是故意干擾檢驗的吧？說，是不是你把這個人弄死的？

另外，由於屍體內的蛋白質分解，會產生屍胺（cadaverine）、腐胺（putrescine）、硫醇（thiol）等難聞的化合物，和大部分難聞的化學藥品一樣，這幾樣東西也是有毒的，比如屍胺就是屍體臭味的主要來源，至於毒性嘛……如果你往小白鼠嘴裡猛灌，最低致死劑量是每公斤 270 毫克，不過之前已經認識了那麼多毒劑，你應該對這個數值不那麼心驚肉跳了。純的屍胺是無色黏稠的漿液，像硝酸一樣會散發出煙霧，煙霧可被人體吸入、食入或經皮膚吸收，在高純度的情況下，對眼睛、黏膜、皮膚及呼吸道有強烈的刺激作用，會引起燒灼傷。屍胺吸入呼吸道後，可能引起咽喉、支氣管發炎，痙攣、水腫、肺水腫、化學性肺炎甚至導致死亡。人中毒後有咳嗽、喘息、氣短、咽炎、頭痛、噁心或嘔吐等症狀，不過請放心，提

煉這種物質沒那麼容易，大概也不會有人想提煉出足夠量的屍胺來害人，搞不好在提煉過程中自己就先被熏死了。最後悄悄告訴你，生物活體在生命代謝中也會產生少量的屍胺，尿液與精液的特殊氣味有一部分就是因為它。而腐胺也是人活著的時候就會產生的，它在胃腸道黏膜上皮細胞遷移、增殖和分化過程中發揮著重要的作用，只是屍體中這個東西上面更多一點，不過也沒你想像的那麼多，因為腐胺如果在空氣中達到十萬分之幾的濃度，就會直接把人嗆暈了。硫醇也是屍體中常見的一類惡臭氣體，可以分為甲硫醇、乙硫醇、丙硫醇、丙二硫醇等多種，大鼠口服的半數致死量為682mg/kg（真是心疼這些被臭死的老鼠們），其毒性比屍胺和腐胺要弱一點，當提純之後被人攝取，則主要作用於中樞神經系統。人們在吸入低濃度硫醇蒸氣時會引起頭痛、噁心；濃度較高時出現麻醉作用；高濃度會引起呼吸麻痺致死。中毒者不僅會被噁心到嘔吐、腹瀉，還會損傷腎臟，出現蛋白尿（proteinuria）及血尿。更危險的是，硫醇蒸氣與空氣結合會形成爆炸性混合物，遇明火、高溫極易燃燒爆炸，與氧化劑接觸也會猛烈反應，如果接觸酸和酸霧，還會產生有毒氣體，即便是與水、水蒸氣也會發生反應，釋放出有毒的或易燃的氣體。這是由於其蒸氣比空氣密度大，能在較低處擴散到相當遠的地方，遇明火會回燃（backdraft）；若遇高溫，容器內壓增大，有開裂和爆炸的危險。這麼說，死

者可以作為製作炸彈的原料了，不過純度不夠高，加上死者的外皮不夠結實，弄不好把自己炸得一身腐爛液體可就難以收拾了。這些液體如果黏在身上，臭味會好幾天都洗不掉，所以再不講究的法醫也會戴著手套進行作業。至於其他什麼嚼香菜、在鼻子周圍塗抹生菜油之類讓自己少受一點惡臭侵襲的方法，那就多了去了，基本上每位法醫都有自己的妙招。不過，最關鍵的還是戴上雙層口罩！情節嚴重的戴一些簡單的防毒面具之類的肯定能擋住！

第一堂解剖課

　　雖然許多人的心中對法醫工作還是有疑慮，但是隨著越來越多刑警偵探推理劇的推波助瀾，越來越多的朋友們也開始對這一行感興趣了，甚至有些膽子大的還想親自試一試（誰膽子這麼大啊喂！），其實你們不是一個人在戰鬥，早在文藝復興時期，偉大的藝術家、科學家李奧納多・達文西（沒錯，在這本書裡你總能看到老朋友）就和幾個好基友半夜挖墳、偷人家屍體來解剖研究，當然達文西是為了更好地作畫……不過，不管是古代還是現代，私自毀壞屍體都是違法的，是違法的，是違法的！重要的事情說三遍。

　　如果你想在自己家裡練習解剖，可以先從魚類開始，但是，一定要讓有相關經驗的家人在旁邊指導！大小適中的鯉魚

或者鯽魚都是不錯的選擇，因為這些魚身體比較扁，側身躺下很穩定，而鯰魚之類的就容易亂滾了，身體還很滑。這些魚的內臟排列也相對清晰，切掉單側後，可以一目了然看到各個重要器官。一樣一樣拿出來後，這條魚要清蒸或煎炸都隨你，鍛鍊解剖技巧的同時還鍛鍊你的廚藝了。別笑！很多學法醫的人最初在學校也是這麼練習的，慢慢上手的還有兔子、狗等，土豪的學校還有可能用到猴子，到最後才會接觸真人。練習用的屍體一般都是生前同意或家屬同意捐獻的，這些死者被尊稱為「無語良師」（silent mentor）。

在解剖任何動物的時候，首先一定要保證這個動物已經死了，否則慘無人道不說，掙扎的時候還容易把你弄傷。然後準備解剖刀、解剖盤、剪刀等工具，必要的時候旁邊可以放一幅指導畫或者標本。解剖魚的時候先從肛門前面插入剪刀的尖端，然後沿著腹部中線逐步剪切，到咽喉處再沿著「肩部」往上走，最終去除一側的體壁。在這個過程中，一定要小心翼翼，不要弄破了魚的內臟，以免耽誤觀察。其他不說，弄破了苦膽，這份魚肉你還怎麼吃？

當然，這都只是小練習，當你解剖什麼動物都能很輕鬆隨意時，哪一天走上醫院的手術臺或者法醫的解剖手術臺，就會容易很多。最大的區別恐怕就是，醫生的縫合技術會比法醫的好很多吧？

後記

感謝各位讀者耐心讀完本書。

這本書的創作是作者本人的一次大膽嘗試，所有知識都來自相關文獻。由於時間倉促，本書中還有許多法醫知識未向大家介紹，今後如有機會，將會在其他書中詳細解析。本書旨在寓教於樂，希望能激發讀者的興趣，培養相關的探索精神。

本人並非法醫學專家，如若查找文獻過程中有疏漏或誤解，導致書中出現謬誤之處，還請各位讀者批評指正。本書中的插畫也由作者本人手繪，筆法簡單幼稚，請讀者多多包涵。

本書在成書過程中，經歷了很多磨難與艱辛，這裡指的不是查資料和寫文章的艱辛，而是各種意外事件，如急病住院、左右手幾次受傷、和戀人多次產生誤會等，但這些都無法阻擋這本書的誕生，現在這本有點不走平常路的書終於完成了。

最後，感謝在出書過程中一直陪伴作者的小黃同學和小孫同學、幫助作者四處收集文獻的多位朋友，以及盡心盡力修改書稿的編輯，沒有大家的支持，就沒有本書的誕生。也謝謝所有參與成書過程的朋友和所有讀者的支持，作者今後將會寫出更多高品質的書籍回饋大家。

電子書購買

國家圖書館出版品預行編目資料

噓！屍體有話要說：死而復生？屍體懷孕？詐
屍真的存在嗎？跟隨法醫的腳步還原真相 / 朱
廣思著 . -- 第一版 . -- 臺北市：崧燁文化事業有
限公司 , 2022.07
　　面；　公分
POD 版
ISBN 978-626-332-515-9(平裝)
1.CST: 法醫學 2.CST: 法醫解剖學
586.66　　111010120

噓！屍體有話要說：死而復生？屍體懷孕？詐屍真的存在嗎？跟隨法醫的腳步還原真相

臉書

作　　　者：朱廣思
編　　　輯：柯馨婷
繪　　　者：孫嘉瞳、黃宇
發 行 人：黃振庭
出 版 者：崧燁文化事業有限公司
發 行 者：崧燁文化事業有限公司
E - m a i l：sonbookservice@gmail.com
粉 絲 頁：https://www.facebook.com/sonbookss/
網　　　址：https://sonbook.net/
地　　　址：台北市中正區重慶南路一段六十一號八樓 815 室
Rm. 815, 8F., No.61, Sec. 1, Chongqing S. Rd., Zhongzheng Dist., Taipei City 100,
Taiwan
電　　　話：(02) 2370-3310　　　傳　　　真：(02) 2388-1990
印　　　刷：京峯彩色印刷有限公司（京峰數位）
律師顧問：廣華律師事務所 張珮琦律師

定　　　價：299 元
發 行 日 期：2022 年 07 月第一版
◎本書以 POD 印製